大学論の誤解と幻想

Misunderstandings and Illusions about University Education

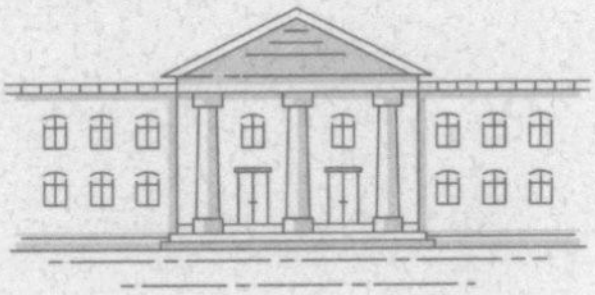

岩井 洋
Hiroshi Iwai

弘文堂

はじめに

本書は、「本気モード」の大学論である。

それでは、これまでの大学論には「本気度」が足りなかったのか。もちろん、すべてがそうだというつもりはない。しかし、大学教育の行く末を案じて大学教育の現場を「惨状」として描きながらも、どこかでそれをあざ笑うかのような評論家の議論や、大学の格付けを商売とするジャーナリズムなどとは、本書は明確な一線を画する。

本書を書くきっかけとなったものは、大学教育を取り巻く妙な「空気」に対する違和感と、その「空気を読む」かのように大学を締めつける教育政策への憤りである。本書でもたびたび指摘するが、大学人が猛省しなければならないことは多い。かといって、「大学の数が多すぎる」「大学教育は社会のニーズに対応していない」「文系学部は役に立たないので不要だ」、挙句の果てには「大学自体が不要だ」などと、社会から一方的に袋だたきにあう筋合いはない。そもそも「社会のニーズ」とは何をさすのか、本当に文系学部は役に立たないのか、などと真剣に考えはじめると、世間にあふれる大学論には多くの誤解や幻想が含まれていることに気づく。

そこで本書では、大学論に含まれる誤解や幻想について考察するとともに、筆者自身の経験にもとづき、実践的かつ具体的な大学教育の方法についても提示したい。以下、本書の見取り図を簡単に示しておく。

序章「**大学論を語るまえに**」では、大学教育について語るまえにおさえておくべき社会的背景や前提について述べる。

教育に関する議論というのは、厄介な性格をもっている。科学について語ることができる人はそれほど多くないが、教育については、誰もがなんらかの教育を受けた経験があるから、みんなが一家言もっている。たとえば、小学校の教育はこうあるべきだ、あるいは小学校の教員はこうあるべきだ、とみんなが語ることができるし、それほど極端な意見も出ない。しかし、この議論を大学教育にまで拡大して、大学はこうあるべきだ、という話になると、突然、議論はあらぬ方向にいく。これは、大学教育についての社会的背景や前提が無視されているからである。その意味で、大学論を語るまえに、大学教育の社会的背景や前提についておさえておくことは重要である。

第一章「**アクティブ・ラーニングの誤解と幻想**」では、大学教育に蔓延する「バズワード」(buzzword)、すなわち、一般に説得力がある言葉のようで、実は定義や意味があいまいなキーワードのなかから、「アクティブ・ラーニング」(以下「AL」)を取り上げる。ALは、新学習指導要領において「主体的・対話的で深い学び」と表現され、教育現場に混乱を引き起こし、さまざまな誤解も生じている。この章では、ALが注目されるようになった背景について論じるとともに、ALに対するさまざまな誤解や幻想について解説する。

第二章「**グローバル人材と英語幻想**」では、ALと同じくバズワードのひとつである「グローバル人材」を取り上げる。この章では、政府や産業界が求める「グローバル人材」なるものが、いったいどのようなもので、産業界にその需要がどの程度あるのかについて論じる。また、グローバル人材の育成と一緒に論じられることが多い、英語力の育成についてもふれる。とりわけ、「英語四技能」（読む・聞く・話す・書く）の強化や民間試験の導入をはじめとする英語教育改革の問題点についても論じる。

第三章「**もうすぐ絶滅するという文系学部について**」では、文学部を含む人文社会科学系学部の存在意義について論じる。二〇一五年六月八日に出された文部科学省通知「国立大学法人等の組織及び業務全般の見直しについて」が、大学界にあたえた衝撃は記憶に新しい。この通知に端を発して「文系学部廃止論」が話題になり、「役に立つ学問／役に立たない学問」という考え方ともあいまって、文系学部は不要だという「空気」が世間に漂いはじめた。また、この通知と同じく大きな議論をよんだ「G型・L型大学」論についても論じる。さらに、「役に立つ／役に立たない」という考え方と同様に、「理系・文系」という分け方の不毛さについても論じる。

第四章「**改革は静かに、そして合理的に失敗する**」では、現在進行中の大学改革の行く末について論じる。現在進行中の「高大接続改革」の目論見を説明したあとに、これまでの教育改革や教育現場の状況を考えると、メカニズムとして改革がうまくいかない蓋然性が高いことを説明する。また、日本が教育に対する公的支出が少ない「小さな政府」でありながら、教育に対して「大きな介入」をしてきたことについても論じる。さらに、大学改革の行く末を考える意味で、もはや反面教師ではなくなった韓国の大学改革とその弊害について注目する重要性を指摘する。

第五章「**大学経営の虚像と実像**」では、「大学倒産時代」という乱世における、大学経営あるいは大学経営者のありかたについて論じる。「大学経営」という言葉は大学の世界でも普通に使われるが、「経営」という言葉にひきずられてか、〈経営＝ビジネス＝金もうけ〉という図式を思いうかべる人も多い。そのため、大学経営の立て直しとなると、企業経営の手腕を買われて、企業人が大学の理事長に起用される例もみられる。それ自体は否定すべきことではないが、現実には、企業から乗りこんできた理事長が、大学経営でかならずしも成功しているわけでもない。また、大学人のなかには、企業と大学は違うということを理由に、大学を聖域化して自己防衛をはかる向きもある。しかし、教育研究の長である学長にもビジネス感覚は必要であるし、その感覚をぬきにして乱世を生きぬくことはできない。重要なのは、経営者が企業人か大学人かという問題ではなく、大学や教育の特性を理解したうえで、どう大学を経営するかということである。この章では、学長として大学経営に関わった経験をもとに、キレイごとではない大学経営論を述べる。

第六章「**実践的・大学教育論**」では、序章から第五章までの議論をふまえて、大学教育を改善していくための実践的かつ具体的な方法を提示する。カリキュラム上の改革にはじまって、学生の学力・意欲・学習歴の多様化を前提とした授業デザインの工夫やＡＬの導入方法等について論じる。また、昨今、深刻化している学生の日本語能力低下への対応策についても、あわせて論じる。

そして、終章「**大学教育はどこへいくのか**」では、序章から第六章までの内容をふりかえり、激変する高等教育の生態系のなかで、大学はいかに生き残るべきか、大学教育はどうあるべきかについて論じる。

大学も人間と同じように多様である。その設立の背景、設置形態、規模、経営者のガバナンスや組織風土などによって千差万別であるが、特に中規模・小規模大学の関係者に本書を読んでもらいたい。なお、時間のない読者のために、序章と終章を読めば、本書の全体像が理解できるようにした。終章における本書全体のふりかえりを参考に、各章をあらためて読んでいただきたい。本書で展開した議論が、広く大学人に対するエールになれば幸いである。

目次

序章　大学論を語るまえに

大学を取り巻く「空気」

科学について語るのとは違って、教育については誰でも語ることができる。それは、義務教育を通して誰もが教育を受けた経験があるからだ。しかし、小学校についてならまだしも、大学について語るとなると、大学教育の現状や前提が無視されて語られることが多い。しかも、声の大きい評論家・知識人の発言や影響力のある産業界の意見がクローズアップされると、それが社会の「空気」となり、それに影響された発言も多くなる。たとえば、「大学が多すぎる」からはじまって、「大学教育は社会のニーズに対応していない」「文系学部は役に立たないから不要だ」、挙句の果てには「大学自体が不要だ」などという意見まである。

もちろん、多様な意見に耳を傾け、議論をすべきである。しかし、「社会のニーズ」とは何をさすのか、本当に文系学部は役に立たないのか、などと真剣に考えはじめると、世間にあふれる大学教育に対する意見には、多くの誤解や幻想が含まれていることがわかる。

そこで本章では、大学教育が置かれている状況について再確認するとともに、これらの意見に対して大学はどう応えるべきかについて論じる。ここでは、大学教育に関する世間の意見を次の三つに分類したうえで、それぞれについて順番に論じていきたい。

①　大学過剰論——大学が多すぎる
②　大学無用論——大学は役に立たない
③　大学不要論——大学はいらない

大学過剰論——大学が多すぎる

二〇一二年一一月、当時の田中真紀子文科大臣は、すでに大学設置・学校法人審議会で開学が認可されていた秋田市、札幌市、愛知県岡崎市の三大学に対して、一転、不認可の決定を下した（いずれも、のちに認可され開学）。三大学は翌年に開学をひかえていただけに、田中文科大臣のやりかたに批判が集まったが、「大学が多すぎるから質が低下している」という趣旨の発言には賛同する声も多かった。この騒動は、これまでにも何度も語られてきた「大学が多すぎる」という、「大学過剰論」がクローズアップされるひとつのきっかけになった。

大学過剰論といっても、その語られ方は一様ではない。そのなかには「少子化で一八歳人口が減少しているのに大学が増え続けていること自体がおかしい」という認識とともに、大学の乱立によ

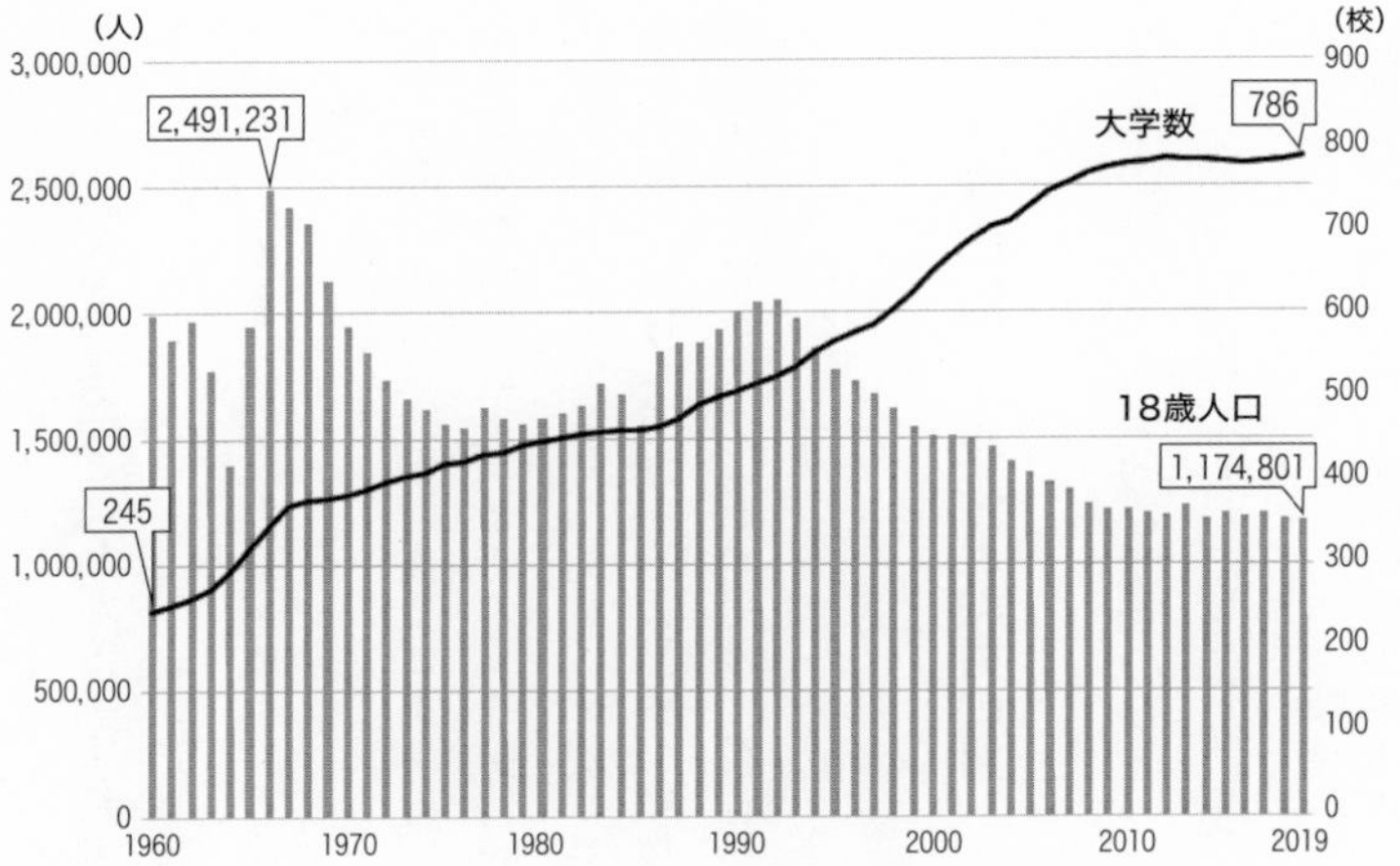

図表１　18歳人口と大学数の推移

って経営不振から倒産する大学が出てくることが問題だ、という意見がある。一八歳人口の急速な減少にもかかわらず大学が増え続けてきたのはなぜか、というのはもっともな疑問である。大学界でも、大学が多すぎるという認識がある。朝日新聞社と河合塾による調査「ひらく日本の大学」（二〇一九年度）によると、私立大学の学長の約六割が現在の私立大学数が「多い」と認識している。おそらく、この回答には、競合校が多くなることへの危機感も含まれていると考えられる。

大学が増え続けた背景には、一九九〇年代から文科省（当時は文部省）が（短期大学から四年制大学への改組も含めて）新設大学の設置を認可し続けてきたという事実がある。一九九一年、大学の設置を認可する基準である「大学設置基準」が改正され、規制緩和されたこともあり、一九九〇年に三七二校だった私立大学は二〇一二年には六〇五校まで増加した（図表１）。

二〇一八年現在、私立大学の数は六〇三校である。そのうち、入学定員充足率（入学者÷入学定員）が一〇〇％未満、いわゆる「定員割れ」の大学は前年度から一九校減の二一〇校で、全体の三六・一％（前年度三九・四％）にあたる。さらに、入学定員充足率五〇％未満の大学が一一校（前年度八校）ある（調査対象校五八七校のうち五八二校のデータを集計。日本私立学校振興・共済事業団二〇一八）。

一九九二年の二〇五万人をピークに、一八歳人口が減少し続けることは早くから予測されていた。それにもかかわらず、多くの大学が新設されてきた。産業界でいえば、市場規模が急速に縮小し、しかも競合他社が多い分野に、わざわざ企業が大挙して新規参入した、ということになる。昨今、学生募集を停止し閉校する大学や、複数大学が経営統合する例が目立ちはじめている。定員割れが常態化している大学にとっては、教育研究組織の運営を含めた、広い意味での経営能力があらためて問われている。

大学の質──学生と教育の質

大学過剰論の典型的な意見のひとつは、前述の田中元文科大臣の発言にあるように、「大学が多すぎるから質が低下している」というものである。世間でいわれる「大学の質」とは、「学生の質」と「教育の質」の両方を意味すると考えられる。

前者は、端的に「学生の学力低下」を問題にしている。大学生の「学力低下問題」は、一九九九年に出版された岡部恒治らの『分数ができない大学生』（岡部ほか 一九九九）がひとつのきっかけとなって、世間で注目されるようになった。岡部らは、大学生の学力調査をもとに、大学生の学力が深刻な程度に低下していると指摘した。キャッチーな本のタイトルと、本の帯に書かれた「信じられないでしょうが、大学生の一〇人のうち二人は小学生の算数ができません」というコピーのためか、この本は大きな反響をよんだ。その後、同じ著者による『小数ができない大学生』（岡部ほか二〇〇〇）も出版された。「学力低下」に関する見解（市川 二〇〇二、神永 二〇〇八など）はさまざまであり、また「学力」をどう定義するかという問題もあるが、ここでは、大学生の学力が低下しているという認識が、世間にある程度広まっているということだけを確認しておきたい。

一方、「教育の質」については、大学の名に値する内容を教えているのか、という「教育内容の水準」が問われている。そこで思い出すのが、教育内容が大学の教育水準ではないとして、文科省から改善要求された大学の事例である。具体的には、英語の「be動詞」や英文法の基礎など、本来は中学校で学習する内容を大学で教えていた例で、過去七、八年のあいだに、複数の大学が同じような理由で文科省からの指摘を受けている。このようなニュースが流れるたびに、SNSでは大学や学生を嘲笑するコメントが氾濫する。

「教育の質」（教育内容の水準）は、「学生の質」（学生の学力低下）と表裏一体である。一八歳人口の減少と大学数の増加で、（理論上は）選り好みしなければ志願者は全員大学に入学できる「大学全入時代」が到来した。入試難易度（偏差値）の低い大学は、経営を維持するために、学力が低い学生も入学させなければならないと考える。そうなると、かつては大学に進学することができなかった学力層の学生も入学する。教員は、学問以前の基礎学力の育成に注力せざるをえなくなり、その結果「大学の教育水準ではない」とみられるような教育をすることになる。

たとえ学力が低い学生でも、なんらかのかたちで成長させる教育力が大学にあり、その成果が外部から評価されるようになれば学生募集も好転する可能性がある（実際にそのような事例もある）。しかし、それができなければ、〈学力の低い学生を受け入れる→基礎学力の育成に注力する→大学が学力の低い学生の受け皿となる→学力の低い学生を受け入れる〉という悪循環に陥るだけである。前述の「ｂｅ動詞」を教える大学も、出発点はそれでもしかたがないし、入学させた以上、学生の教育に責任をもつという意味では評価できる。しかし重要なのは、そこから学生をどれだけ成長させるかであり、それは大学の責任である。

さて、「大学の質」について大学と学生ばかりが批判されるが、考えてみれば、生徒を大学に送るのは高校である。その意味で、高校の教育の質についても、あらためて問いたいところである（高大接続改革については第四章を参照）。もちろん、受験生を受け入れるのは大学側であり、学力の低い学生を入学させて、自分で自分の首を絞めているのも大学の責任であるから、高校をあまり強く責めるわけにもいかない。また、高校にも大学と同じような構図があり、初期値として学力が低い生徒を受け入れている高校では、大学と同じ問題を抱えていることも理解できる。

大学を減らせば問題は解決するのか

前述のような大学を取り巻く環境をみれば、「大学が多い＝大学の質の低下」という図式は、一般に納得しやすい。低品質の製品を無計画に量産することを「粗製乱造」というが、世間では大学の多さを粗製乱造のイメージでとらえているようである。しかし、「ｂｅ動詞」を教える大学のような極端な事例を拡大解釈して、大学全般に質が低下しているとみるのは誤解である。厳密にいえば、学力にかかわらず受験生を入学させ、入学後の学生を成長させる教育ができないまま、前述のような悪循環に陥る大学において、深刻な質の低下がおこっているということになる。ただし、学生募集に苦しむ偏差値の低い大学のなかにも、学生を伸ばす教育を実践している大学もあるし、逆に比較的高い偏差値の大学でも、学生を伸ばす教育ができていない場合があることも認識しておく必要がある。

では、大学の数を減らせば問題は解決するのか。「大学が多すぎるから質が低下している」のならば大学を減らせばよい、という理屈はわかりやすい。インターネットの書き込みには、「Ｆランク大学はいらない」「偏差値五〇未満の大学はいらない」といった意見がよくみられる（よほど学力の高い方が書かれているのだろう）。もし「偏差値五〇未満の大学はいらない」という意見が実現したとすると、筆者の勤務校がある近畿地区（京都・大阪・兵庫・滋賀・和歌山・奈良）の私立大学の七〇％近くが消滅することになる（河合塾のデータで偏差値五〇以上の学部学科がひとつでもある大学をのぞき、その他の大学を全部つぶすと仮定した場合)。

しかし、大学の数を減らしたところで、大学の質が向上するという保証はない。というのも、量(大学の数)と質(大学の質)の関係は、「量が増えれば質が低下する」あるいは「量が減れば質が向上する」といった単純な構造にはなっていないからである。質に影響をおよぼす要素(変数)は、多様かつ複雑で単純化できない。

また、ここでは世間でいう「大学の質」を、ひとまず「学生の質」(学生の学力低下)と「教育の質」(教育内容の水準)としてとらえたが、そもそも「質」とは何かについての議論が必要である。このことは、大学人が常に直面している「教育の質向上」という言葉について考えることにもつながる。

前述の不認可騒動の数か月前に出された、中央教育審議会(以下「中教審」)答申「新たな未来を築くための大学教育の質的転換に向けて」(以下「質的転換答申」、二〇一二年八月二八日)には、「高等教育の規模を縮小することは、必要な数の労働力人口が確保できず、我が国の社会経済の停滞、萎縮につながる」と書かれている。これを素直に読めば、大学の数を減らすことは得策ではない、ということになる。ところが、中教審答申「二〇四〇年に向けた高等教育のグランドデザイン」(以下「グランドデザイン答申」、二〇一八年一一月二六日)では、実現すべき方向性のひとつとして、各大学における「教育の質の維持向上という観点からの規模の適正化」があげられている。かつて新設大学を認可しつづけてきた文科省が、いまさらながら一八歳人口の急激な減少を痛感し、今度は「規模の適正化」を掲げるようになったということだろうか。また、日本経済団体連合会(以下

「経団連」）は「今後のわが国の大学改革のあり方に関する提言」（二〇一八年六月一九日）で、「大学の数や規模の適正化」を提言している。大学の入学定員の適正規模ならまだわかるが、何をもって適正な大学数とするのか、はなはだ疑問である。

大学の規模縮小についての動きは、これだけではない。「グランドデザイン答申」では、「大学等連携推進法人制度（仮称）」が今後の検討課題としてあげられている。この制度については、「国公私立の枠組みを越えた連携の仕組み」と穏やかに表現されているが、その正体は「国公私立の枠組みを越えて大学の再編・統合を円滑に行えるようにする仕組み」のことである。また、「グランドデザイン答申」に先立って発表された経済同友会の「私立大学の撤退・再編に関する意見」（二〇一八年六月一日）では、「私立大学再生機構（仮称）」という私立大学版「産業再生機構」まで提言されている。

このように、大学過剰論を前提に、「適正化」という言葉のもと、政府は大学の規模縮小の方向に動きはじめている。各大学が社会から存在意義を認められるように努力することは当然であるし、経営不振の大学が淘汰され、再編・統合されるのは不可避である。しかし、大学過剰論を自明のものとして大学の数を減らせばよいという考えは、社会全体の利益を考えた場合、適切かどうかという疑問である。これについては、第四章であらためて論じる。

「ゆでガエル」の正体

環境の変化を察知できず、その対応に遅れることで致命的な結果を招くことをあらわすたとえとして、「ゆでガエル」という言葉がある。これは、グレゴリー・ベイトソンの著書（一九八二）に登場する、次のような寓話に由来する。熱湯が入った鍋にカエルを入れると、カエルはすぐに飛び跳ねて脱出する。しかし、水を入れた鍋にカエルを入れ、水を徐々に温めていくと、カエルは心地よくなり、結局、飛び出さずにゆであがってしまう、というのである。ただし、実際にはカエルは温度の変化を察知して鍋から飛び出すので絶命しない。

繰り返すが、一九九二年をピークに一八歳人口が減少し続けることは早くから予測されていた。しかし、その変化にうまく対応できず、定員割れとなったり、経営不振に陥ったりした大学も少なくない。これらの大学は、まさに「ゆでガエル」状態だったといえる。

一〇年以上前、ある大学経営者から初年次教育や大学運営についてのアドバイスを求められた。そこで、一八歳人口の減少をにらんで、財政的な体力があるうちに、中規模大学にしては多い定員をかかえる学部の入学定員を削減してはどうかと提案した。しかし、その大学の入学定員が削減されたのは、それから六、七年後のことであり、その頃には予想通り恒常的な定員割れをおこしていた。

病気で衰弱してから筋トレをはじめる人がいないのと同じで、大学の財政的な体力がなくなって

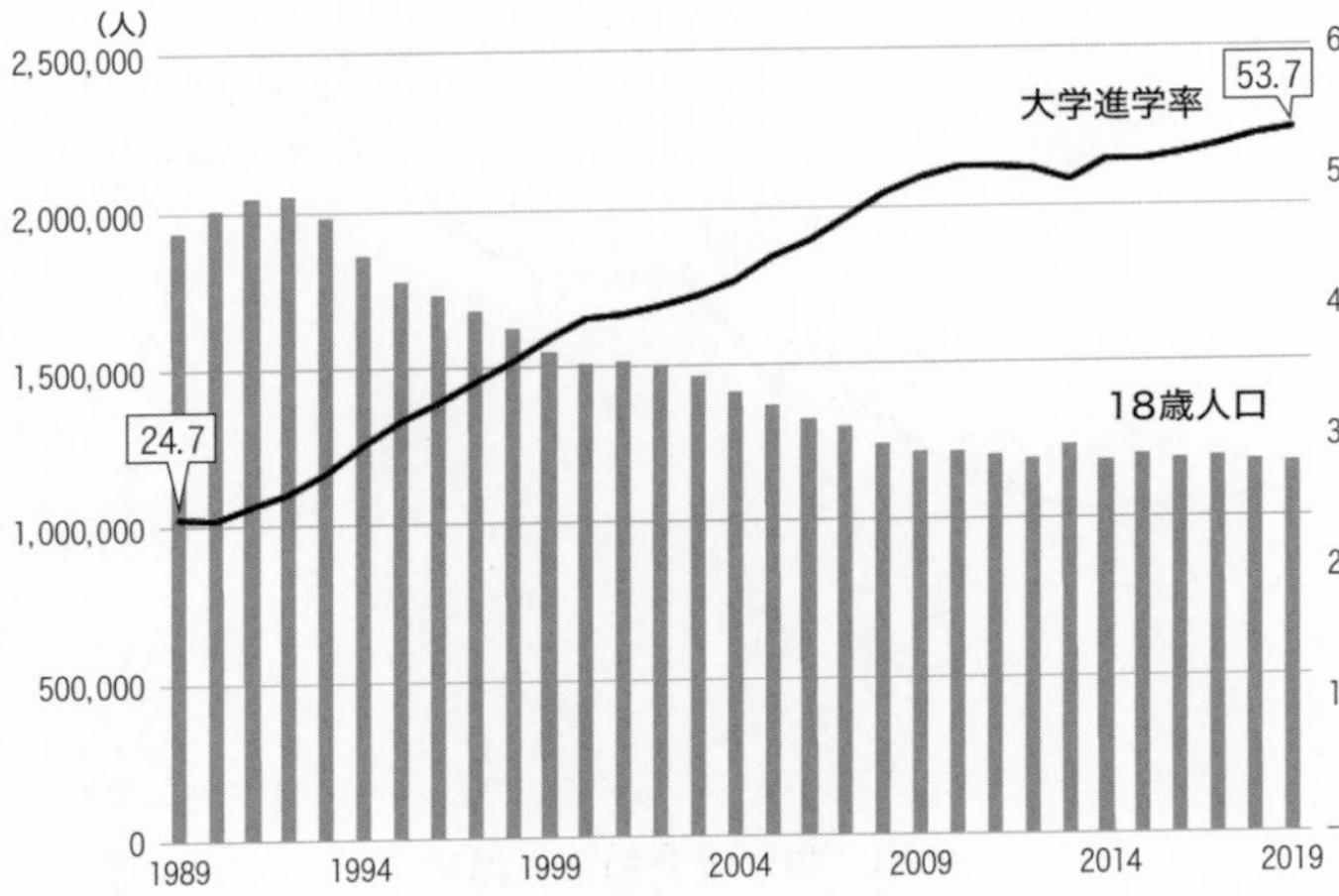

図表２　18歳人口と大学進学率の推移

から改革をするのは、大学経営として筋が悪い。しかし多くの大学経営者は、学生募集が好調なうちにできるだけ稼ごうとし、学部・学科増設や入学定員を増やすなどの拡大路線を取りやすい。この大学の場合も、時代の変化を読み切れなかった「ゆでガエル」の一例である。

さて、確実に一八歳人口が減少しているにもかかわらず、多くの大学はその変化を実感できず、ごく最近まで、あまり深刻な危機感を抱かなかったようにみえる。このような「ゆでガエル」状態の原因を考えるヒントが、「ワニの口」にある。

日本の財政状況をあらわすとき、「ワニの口」という言葉が使われる。歳出（国の支出）が右肩上がりに増加するのに対して、歳入（国の収入）は右肩下がりに減少する。この二つをグラフにあらわすと、ちょうどワニが口を開いたような状態になる。大学を考える際の「ワニの口」は、右肩下がりの一八歳人口と、右肩上がりの大学数、進

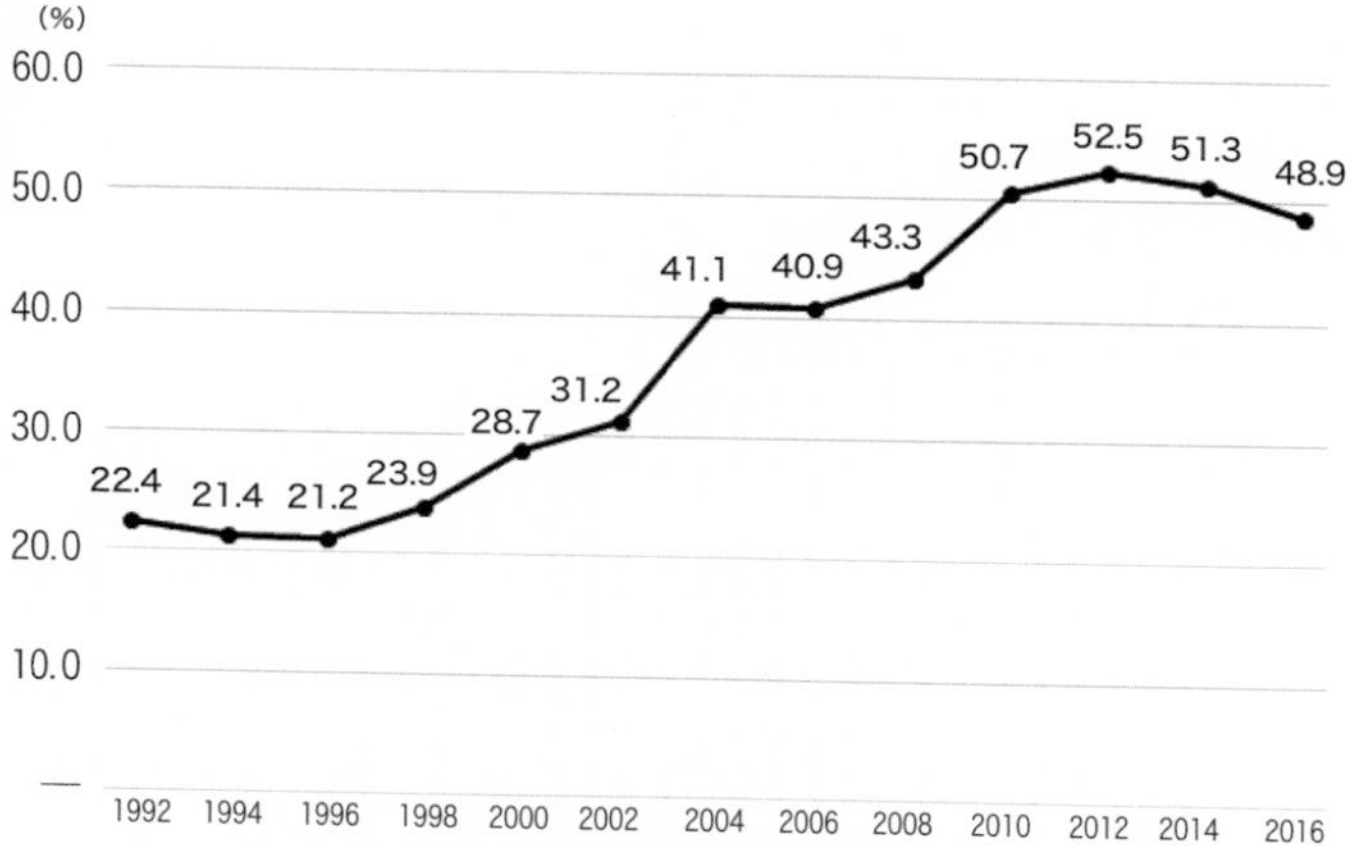

図表３　奨学金受給率の推移

学率から構成される。一八歳人口を示す棒グラフはクジラの畝（線）のようにみえるから、「ワニの口」ならぬ「クジラの口」といえる（図表２）。

　一八歳人口が減少の一途をたどっているのに対して、大学数が増加してきたとすれば、私立大学の倒産がもっと目立ってもよいはずである。しかし、現実にそうなっていないのは、進学率が増加したためである。一九九一年に二五・五％だった大学進学率は、二〇〇二年には四〇・五％、さらに〇九年には五〇・二％に達し、高校卒業生の二人に一人が大学に進学するようになった。大学進学率の増加によって、一八歳人口減少に対する大学側の危機感が鈍化したといえる。

　では、大学進学率を押し上げた要因はどこにあるのだろうか。日本学生支援機構（ＪＡＳＳＯ）の奨学金を含む奨学金受給率（図表３）をみると、二〇一二年度から下降傾向にあるものの、一六年の受給率は二〇年前にくらべて二・三倍に増えており、学生の二人に一人が奨学金を受けていることになる。つまり、奨学金のおかげで大学進学率が押し上げられ、その結果、私立大学がそれほど倒産せずに済んだと考えられる。

近年、ＪＡＳＳＯの奨学金の返済に関する延滞問題がメディアで取り上げられるようになった。本来、返済不要の経済的支援を「奨学金」というが、ＪＡＳＳＯの奨学金は、「奨学金」という名の「教育ローン」であることを再認識する必要がある。一七年四月、ＪＡＳＳＯは、大学別の奨学金延滞率を公表した。それを受けて、奨学金延滞率の大学ランキングを公表したり、延滞率と大学偏差値との関係を分析したりするメディアもあった。これらは、受験生や保護者に有益な情報を提供しているつもりだろうが、見方によっては「この大学に行くと、卒業後に奨学金の返済にも困る」という誤ったメッセージを送ることにもなる。返済の滞納の多くは、非正規雇用の増大や雇用環境の悪化による収入の低下という、日本経済の状況と関係していると考えられるが、それがあたかも個別の大学の責任として受け取られかねないことは問題である。とはいえ、多くの大学の経営が奨学金の恩恵を受けていることを考えると、奨学金返済に困らずに生活できるように学生を育てるのは、大学の責務であることはいうまでもない。

私立大学への税金の投入は悪なのか

ＪＡＳＳＯの奨学金の原資は税金であり、それが経営不振の大学をも助けていることに対する世間の批判がある。税金との関係でいえば、政府から私立大学に交付される補助金（私学助成金）や

「高等教育無償化」政策が、「ゾンビ大学」(経営不振の大学)の延命措置になるとの批判もある。この前提には、大学過剰論があると考えられる。

私学助成金については、そもそも憲法八九条に違反しているとの見解がある。問題となるのは、「公金その他の公の財産は、宗教上の組織若しくは団体の使用、便益若しくは維持のため、又は公の支配に属しない慈善、教育若しくは博愛の事業に対し、これを支出し、又はその利用に供してはならない」という条文である。ここでいう「公の支配に属しない」私立大学に補助金を出すのは、憲法違反であるというわけだ。しかし、政府の見解では、さまざまな法的な監督機能によって政府が私立大学の運営に関与しているので、「公の支配」が及んでいるという。

法律論は別として、「公」ではなく「私」が勝手に運営しているのだから、私立大学に税金を投入するのはおかしい、との意見もある。一見、もっともらしいが、私立大学が日本の大学の八割弱を占めるという社会的重要性を認識する必要がある。これは、なにもいまにはじまったことではない。一九六八年以降、私立大学は全大学の七割以上を占め続け、私立大学の層の厚さがなければ、日本の人材育成が成立しなかったことも事実である。もちろん、だからといって私立大学を無条件に支援せよというわけではない。

では、私学助成金がなければ私立大学はどうなるのか。厳密に大学数を推定することはできないが、私学助成金がなければ間違いなくかなりの大学はつぶれる。ちなみに、私立大学の収益構造をみると、(附属病院等の事業収入がある医歯系の大学法人を除くと)教育活動収支(本業の教育活動に関わる収支状況)の収入のうち、約七三%が学生生徒等納付金(授業料、入学金等)、約一二%が経常

図表４　入学定員充足率による私学助成金の不交付基準

<table>
<tr><th>収容定員</th><th>8,000 人以上</th><th>4,000 〜 8,000 人</th><th>4,000 人未満</th></tr>
<tr><td>2015 年度まで</td><td>1.20 倍以上</td><td colspan="2">1.30 倍以上</td></tr>
<tr><td>2016 年度</td><td>1.17 倍以上</td><td>1.27 倍以上</td><td rowspan="3">1.30 倍以上</td></tr>
<tr><td>2017 年度</td><td>1.14 倍以上</td><td>1.24 倍以上</td></tr>
<tr><td>2018 年度</td><td>1.10 倍以上</td><td>1.20 倍以上</td></tr>
</table>

費補助金（いわゆる私学助成金にあたる）で収入の約八五％を占めている（日本私立学校振興・共済事業団 二〇一八）。

こういうと、「一二％の補助金分を稼げばよいではないか。私立大学は経営努力が足りない」という声も聞こえてきそうである。たしかに、私立大学もある程度の収益事業を認められているが、私立学校法に定めるように「私立学校の教育に支障のない限り」においてである。毎年、数億円の収益をあげるような事業をするとなると、もはや教育事業としては本末転倒である。

二〇一六年度から、文科省は入学定員超過による私学助成金の不交付基準を厳格化した（図表４）。これは、地方創生の観点から三大都市圏（埼玉、千葉、東京、神奈川、愛知、京都、大阪、兵庫）の大学への学生の集中を抑制するための政策である。当初、一九年度からは入学定員の一・〇倍を超えた場合（一人でも入学定員を超えた場合）、補助金を減額する予定だったが、一八年度までの入試で入学定員が抑制されたと判断し、罰則の強化は見送られた。

私学助成金に関係なく大学経営ができるのなら、入学定員を超過しても学生を多く獲得すればよいわけだが、これだけ多くの大学が政策に従順だったのは、私学助成金が大学経営にとって不可欠であるとの認識からである。もし、私学助成金が「もらえるものならもらっておこう」という程度のものなら、各大学がこれほどまでに苦労して厳格な入学定員管理をする必要がない（もちろん、政策に従わないと別の不利益をこうむるという判断もある）。

さて、もうひとつ税金との関連で論じたいのが、二〇二〇年四月から実施予定のいわゆる「高等教育無償化」である。「無償化」というと聞こえがよいが、その恩恵にあずかれる対象者は限られている。私立大学の場合、住民税非課税世帯でも授業料の全額が無償化されるわけではない。このような「高等教育無償化」も、「ゾンビ大学」の延命措置だとの批判がある。たしかに短期的にみると、「無償化」のおかげで経営不振の大学に入学する学生も出てくる。しかし、見逃してはならないのが、すべての大学がこの制度の対象になるとは限らないことである。対象校となる要件は、次の四点である。

①　実務経験のある教員による授業科目が卒業要件単位の一割以上、配置されていること。
②　法人の「理事」に産業界等の外部人材を複数任命していること。
③　厳格かつ厳正な成績管理を実施・公表していること。
④　財務情報、定員充足状況や進学・就職状況などの教育活動情報を開示していること。

これだけでも、大学によってはかなりハードルが高い要件であるし、要件の妥当性に疑問を感じざるをえないものも含まれている。しかし、これらの要件をクリアできず対象校に選定されなければ、最低限の基準を満たしていない大学というレッテルを貼られかねないから、大学側は必死に要件をクリアしようとする。一九年九月、対象校が公表され、私立大学五七一校が対象校となった（後に四大学を追加）。

これまでの文科行政をみれば、今後、私学助成金の交付条件に関する要件とあわせて、「無償化」対象校の要件もハードルがさらに高くなるのは確実である。そうなると、「ゾンビ大学」の延命措置どころか、真綿で首を絞められるように、私立大学の経営は徐々に苦しくなる。その意味で、「高等教育無償化」は私立大学つぶしへのプレリュード（前奏曲）とみることもできる。

大学無用論――大学は役に立たない

ここまで、大学過剰論から私立大学への税金の投入についてまで議論を展開した。少々回り道になったが、次に「大学は役に立たない」という「大学無用論」について論じる。大学無用論は、大きく二つに分かれる。ひとつは、「大学教育は役に立たない」という主張であり、もうひとつは、これと密接に関わるものだが、「大学は社会のニーズに対応していない」という主張である。昨今よくいわれる「文系学部不要論」は、両方に関わるものだが、これについては第三章であらためて論じる。

まず「大学教育は役に立たない」という主張について、社会人を対象とした調査結果を参考に考える。

濱中淳子（二〇一六）は、大学教育は役に立たないという主張を「大学教育無効説」と呼び、どれだけの企業関係者がそれを支持し、それはどのような人たちなのかを分析している。企業の採用面接担当者を対象とした調査の結果、大学教育無効説が大勢を占めるわけではないが、かといって大学教育の意義が積極的に認められている状況でもないという。興味深いのは、従業員が一万人を超えるような大企業関係者ほど、大学教育は役に立たないと考えていることである。濱中がいうように、大企業関係者ほど発信力や発言力が強く、結果として、大学教育無効説が流布することになると考えられる。

さらに、大学（院）時代に専門の学習・研究に意欲的に取り組んだ人ほど専門の教育・学習に意味を見出し、反対に、意欲的ではなかった人ほど意味を見出していない傾向があるという。つまり、学生時代に勉強しなかった人ほど、大学教育が役に立たない、と考える傾向があるということだ。

こういった個人の意識とは別に、大学教育が役に立っていることを示す分析結果がある。矢野眞和（二〇〇九）は、五大学の工学部卒業生を対象とした調査から、「大学時代の学習や読書の蓄積と継続が、現在の学習や読書を支え、その成果が所得の上昇となって現れる」という、大学教育の間接的効果があることを「学び習慣」仮説と呼んだ。また濱中（二〇一二）は、経済学系学部の卒業生にも「学び習慣」仮説があてはまることを確認している。こうみると、大学教育が役に立っているにもかかわらず、役に立っていないという思い込みだけがひとり歩きしているようにみえる。

世間では、大学はアメリカ式に「入学するのは簡単だが、卒業するのは難しくせよ」や「大学は学生にもっと勉強させろ」という意見がある。しかし、そのようにいう人のなかには、大学がゆるかったから卒業できたという人も多く含まれているのではないだろうか。

では、社会人は勉強しているのか。リクルートワークス研究所（二〇一八）の「全国就業実態パネル調査（JPSED）二〇一八」によると、働く人の七割弱が自ら学ぶ習慣をもっていないという。「あなたは、昨年一年間に、自分の意志で、仕事にかかわる知識や技術の向上のための取り組み（たとえば、本を読む、詳しい人に話を聞く、自分で勉強する、講義を受講する、など）をしましたか」という質問に対して、「はい」と答えた人の割合は雇用者（正社員・非正社員）全体でみると三三・一％だった。また、学生時代から、「授業やテストの対策のみならず、ふだんから関心を持った事柄について自らも調べものをするなど、習慣的に学習していた」と答えた割合は、一二・六％しかなかった。そして、学びの習慣が大学生からある人の八三・三％が「仕事上わからないことがあるとき、すぐに学び行動をとる」と答えている。これは、前述の「学び習慣」仮説と符合する。

さらに、なぜ学ばないのかという理由について、「忙しい」「費用負担が重い」「既に知識や技術が十分で必要ない」「方法がみつからない」「会社が機会を用意してくれない」「学んでも評価されない」「今後、転職や独立を予定していない」などの選択肢を用意したが、もっとも多かった理由は「あてはまるものはない」（五一・二％）だった。つまり、労働時間が短縮され、時間があれば社会人が自ら学ぶかというと、そうでもないようである。こうみると、ますます「学び習慣」が重要であることが再認識できる。また、学生に「学び習慣」をいかにつけさせるかが、大学教育の課題のひとつとして浮上してくる。

大学は社会のニーズに対応していない――大学性悪説

大学無用論のもうひとつの主張は、「大学は社会のニーズに対応していない」というものである。苅谷剛彦（二〇一八）は、大学改革に関わる政策文書にみられる、「社会の変化に対応できない大学の『失敗』」という考え方を「大学性悪説」と呼んでいる。以下、苅谷の分析に依拠して論じる。苅谷によると、大学の閉鎖性、硬直性、画一性（多様性の欠如）などによって社会の要請や社会の変化に対応できない大学、という考え方が一九六〇年代初頭にあらわれ、一九七〇年代には確立したという。それは、中教審答申「大学教育の改善についての答申」（一九六三年一月二八日）や同「当面する大学教育の課題に対応するための方策について」（一九七〇年三月三〇日）の文言にもみられる。

八〇年代になると、当時の中曽根康弘首相が組織した「臨時教育審議会」（臨教審）では、第一次答申（一九八五年）から第四次答申（一九八七年）までを通して、大学が「閉鎖的であり、機能が硬直化し、社会的要請に必ずしも十分に応えていない」、「教育は時代や社会の絶えざる変化に積極的かつ柔軟に対応していくことが必要」などと指摘するとともに、これまでの教育の内容・方法が画一的で、「記憶力中心の詰め込み教育」の傾向があったと認識している。そして、今後は「自分で考え、創造し、表現する能力が一層重視されなければならない」とし、高等教育の「個性化、多様化、社会との連携、開放」が求められると主張する。この考えは、九一年以降の大学設置基準の大綱化と規制緩和政策につながる。

このような認識の背景には、これまでの日本が、欧米に追いつけ追い越せの「キャッチアップ型」近代化を推進してきたが、先進国の仲間入りをすると「追いつく目標とすべきモデル」を失ったという前提がある。そして、キャッチアップ型近代化の時期においては、画一的教育や知識の詰め込み型教育が「時代の変化や社会の要請」に応えられなかった日本の教育の欠点だった、と理由を後付けされる。そこで、今後は「モデルのない時代、予測できない未来の変化」への対応と、個性、創造性、主体性などを重視する教育が求められることになる。

「社会の要請や社会の変化に対応できない大学」という「大学性悪説」は、その後、現在にいたるまでの大学改革に関わる政策文書の、いわば「通奏低音」となっていったといえる。日本がキャッチアップ型社会であった時代も、大学教育は社会の要請や社会の変化に対応できなかった。そして、モデルのない時代においては個性・創造性・主体性が求められるが、これにも大学教育はうまく対応できていない、というわけだ。

九〇年代以降、時代の変化をあらわす言葉として、「流動的・複雑化・不透明」などがしばしば使われるようになった。苅谷がいうように、「予測不可能な」未来に向かったスタンスをとるかぎり、「未来は予測できない」のだから、教育目標や育成すべき資質・能力も抽象的かつ曖昧なものにならざるをえない。したがって、それが達成できたかどうかの基準も曖昧なままである。たとえば、「グランドデザイン答申」では、「予測不可能な時代の到来を見据えた場合、専攻分野についての専門性を有するだけではなく、思考力、判断力、俯瞰力、表現力の基盤の上に、幅広い教養を身に付け、高い公共性・倫理性を保持しつつ、時代の変化に合わせて積極的に社会を支え、論理的思考力を持って社会を改善していく資質を有する人材」の活躍が重要である、と指摘する。しかし、ここにあげられている資質・能力はいずれも曖昧かつ多義的である。

したがって、論理的には、いつまでたっても大学教育は社会の要請や社会の変化に対応できないでいる、という結果になる。また、始末が悪いことに、苅谷が指摘するように、大学性悪説の背景には日本経済の再生を第一義とする「経済ナショナリズム」がある。昨今、「グローバル人材」や「ＡＩ人材」の育成を求める声も、これと呼応する。つまり、経済成長のための大学教育、という考え方である。もちろん、大学の役割を考えれば、これ自体を全面否定できない部分もある。そのため、経済成長が実感できる時代には大学性悪説はなりをひそめるが、経済成長が鈍化するやいなや、その「真犯人」として大学性悪説が浮上する。したがって、日本経済がめざましく再生するまで、大学はいつまでも「時代の変化や社会の要請」に応えていない、と責められるだろう。

かくして、大学改革への圧力には終わりがない。

大学不要論――大学はいらない

ここまで、大学過剰論と大学無用論について述べてきたが、最後に「大学は不要だ」という「大学不要論」について取り上げる。大学不要論には、二つの立場がある。ひとつは、大卒の学歴がなくても生きていけるので大学に行く必要はない、という「学歴不要論」の立場である。もうひとつは、大学などに行かなくても勉強はできるし生きていけるから大学は不要だ、という立場である。いずれの立場も、大学過剰論や大学無用論と密接に関連している。

前者のような意見は、学歴に関係なく成功した人の発言によくみられる。しかし、みんなが同じように成功できるわけではない。それが可能になるためには、本人の強い意志と努力、そして、それを受け入れる社会的環境が必要である。

「生きるために稼ぐ力」の有無・高低は学歴で決まるわけではないと考えると、大学に進学しないという選択肢もある。しかし、大卒と高卒の生涯賃金の差をみるかぎり、数字上は高卒が不利にみえる。二〇一六年度基準で、大学・大学院卒と高卒の生涯賃金の差は約七七〇〇万円である（労働政策研究・研修機構二〇一八）。ただし、この数字は、学校を卒業したあと六〇歳までフルタイムの正社員で働き、退職金をもらった場合の額であるし、企業規模によっても違いがある。また、あくまでも平均値であるので、きわめて生涯賃金が高い群がいた場合、その数値に平均値が引きずられる可能性がある。いずれにしても全体の傾向として、大卒と高卒の生涯賃金に差が生じることは否めない。

また、企業側が同じ職務内容で社員を採用するとしたら、たとえ高卒者が高い能力をもっていたとしても、多くの場合、大卒者を採用しやすいだろう（現実には、高卒者と大卒者の職務内容は区別されていることが多いが）。それは、大卒者が高卒者と比べて高い能力をもつという前提のもとに、学歴がひとまず能力を示す「シグナル」として機能するからである。といっても、前述の大学過剰論や大学無用論の広がりからすれば、企業の採用担当者が大卒者の能力を過大評価しているとは考えにくい。むしろ、大卒者が採用されやすいのは、選考方法の効率性によるところが大きい。高卒者の能力を適正に見きわめ、大卒者と比較して判断を下すためには、それなりの労力がいる。また、これまでの慣行からして、大卒者ではなく高卒者を採用することの積極的な理由を、採用担当者は上司や他の社員に納得がいくように説明しなければならない。このようなコスト（手間と時間）を考えれば、大卒者を採用したほうが合理的であると判断するはずだ。同じような現象は、有名大学の学生と無名大学の学生を比較したときにもおこっている。

以上のように考えると、学歴不要論を前提として生きるには、それなりの腹のくくり方が必要であるし、一般的な傾向として、賃金面でみれば大卒のほうが有利にみえる。

さて、もうひとつの大学不要論は、大学などに行かなくても勉強はできるし生きていける、というものである。このような立場は、ＩＴを過大評価する評論家や起業家によくみられる。この立場の代表的な意見は、「知識は本やインターネットで十分に学べるから、なにも大学に行く必要はない」というものである。

たしかに、単なる知識なら本やインターネットで学べることは多い。しかし、前述の「学び習慣」仮説を思い出してほしい。社会人の多くに自ら学ぶ習慣がないことから考えても、いくらためになる本があって、インターネット上に知識があふれていたとしても、学ぶ習慣自体がなければ、独学を続けることは困難であろう。また、オンライン学習についても、動機づけの高い学習者には向いているが、そうでない学習者にとっては、いくら良いコンテンツが無料で配信されていても、独学を継続するのは難しい。

「知識は本やインターネットで十分」という人には、みんなが独学できるという「独学幻想」がある。最近、書店のビジネス書コーナーに、「独学」をテーマにした本が多く並ぶようになったが、これは、独学ができない人が世間に多いことの裏返しである。

なんの苦もなく独学できる人にとっては、できない人のことがわからないのである。独学する力を育成するとともに、学ぶ習慣を身につけさせるのも、大学の重要な役割であると考える。その意味で、大学の存在意義は色あせない。

第一章　アクティブ・ラーニングの誤解と幻想

「片仮名まじりの教育改革」

天野郁夫（二〇〇二）は、大学審議会答申「大学教育の改善について」（一九九一年）にはじまる教育改革を「片仮名まじりの教育改革」と呼んだ。シラバス、セメスター制、ＦＤをはじめ、いまとなってはあたりまえとなったが、当時としては聞き慣れない「片仮名まじりの」用語が続々と政策文書に登場した。天野によると、これらは「勉強したがらない学生を勉強させる、教育をしたがらない教員に教育をさせるために」、すなわち大学を学習重視、教育重視へと転換するためにつくられた小道具や装置であるという。

ところが、その小道具や装置の数々がアメリカ産であり、原産地での目的や使用方法、さらにはその背景にある思想などが十分に理解されないまま、役に立つものとして理想化されて日本に輸入されてきた。これについて、天野は次のようにいう。

アメリカが最も先駆的な、少なくともいまの段階では、最も成功したモデルを提供していることは確かです。そのアメリカの大学に学ぶべき多くのものがあるのは当然のことです。しかし同時に、それが単純な模倣ではありえないことを忘れてはなりません。**アメリカの大学が、いかにアメリカという特殊な国の社会や文化、政治、経済の風土の中に生まれ、育ってきたかを知れば知るほど、それを理想化し、無条件に受け入れ、模倣することの難しさを痛感せざるをえないのです。**（天野二〇〇一、太字は筆者）

天野の危惧をよそに、教育現場では（特に舶来の）新奇な用語が、あたかも大学改革に効く呪文のように受け入れられ、大学教育の「バズワード」が数多く生まれた。日本の文科行政には、外国のものをありがたがり、それを無批判に輸入しようとする「舶来病」の症状がある。

その結果、中教審答申には「用語解説」まで付けられるようになった。本格的な「用語解説」が登場するのは、「我が国の高等教育の将来像」（二〇〇五年一月二八日）からで、略語を含めて四六の用語について解説されている。それ以前では、「新しい時代における教養教育の在り方について」（二〇〇二年二月二一日）において、「ALT」「『くさび』型のカリキュラム」「セメスター制」を含む七用語が解説されていたにすぎない。その後、「学士課程教育の構築に向けて」（以下「学士課程答申」、二〇〇八年一二月二四日）の「用語解説」では、略語を含めて三六の用語があげられている。ここには、「学習成果（ラーニング・アウトカム）」「学習ポートフォリオ」「初年次教育」「ティーチング・ポートフォリオ」などの用語が登場した。さらに、「質的転換答申」では二〇の用語があげられ、「ナンバリング」「アクティブ・ラーニング」「サービス・ラーニング」「学修行動調査」「ルーブリック」などが登場する。最近の「グランドデザイン答申」では、略語を含む六六の用語が「用語解説」にあげられている。

そもそも、さまざまな新奇な用語を理解しなければ答申の内容がわからない、ということ自体が問題である。これでは、答申がまるで大学人のための「読解テスト」のようになっている。また、答申から読み取れる隠れたメッセージは、「ここにあげられている用語を理解していなければ、大学改革に参加しているとは認めないし、競争的資金も獲得できない」ということである。本当に大学改革を円滑に推進しようとするなら、文科省はわかりやすい政策を提言すべきである。このようにいうと、「大学人には、答申を理解する力もないのか」と批判する声が聞こえてきそうである。しかし、大学バズワードの輸入元（アメリカ）での状況について理解しているものにとっては、日本的な用法が混乱のもとになるし、新奇な用語に対して説明する文科省の手間を考えると、大学バズワードの連発は、文科省と大学の双方にとって、あまり得策ではない。

政策文書にあらわれるバズワードの多くがアメリカから輸入されたものだが、この輸入が文科官僚の知恵だけによるものとは考えにくい。中教審をはじめとする審議会の委員や、文科省の委託事業（研究開発・調査等）を担当した研究者のなかには、さまざまな新奇な用語を「プラントハンター」よろしく輸入してくる研究者がいる。このことは、審議会の議事録を丹念に読み解けばわかる。「プラントハンター」とは、世界中から珍しい植物を採集してくる人々のことである。「プラントハンター」（研究者）本人は、日本の教育政策に役立つと考えてさまざまな「外来植物」（バズワード）

を持ってくるのだが、それが意図せざる結果として、とりわけ中小の私立大学の首を絞めていることも事実である。これは、外来植物（バズワード）を移植する際に、もとの気候や土壌（社会文化的背景）を考慮しなければ、うまく根付かないのと同じことである。

二〇一五年、高校教員向け雑誌『月刊高校教育』（二〇一五年一一月号）が「アクティブ・ラーニングは怖くない⁉」という特集を組んだ。このタイトルは、二〇二〇年から実施される新学習指導要領で、「アクティブ・ラーニング」（以下「ＡＬ」）が目玉のひとつになることを見越してのことであるが、同時に、バズワードに翻弄される教育現場の切実さを象徴するものでもある。ちなみに、新学習指導要領では、ＡＬは「主体的・対話的で深い学び」という言葉に置き換わっている。これは、定義が曖昧な外来語は法令に適さない、との理由によるという。

バズワードに翻弄されているのは、大学教育の現場も同じである。ＡＬが中教審答申に登場するのは、「質的転換答申」からである。その「用語集」では、ＡＬを以下のように説明している。

教員による一方向的な講義形式の教育とは異なり、学修者の能動的な学修への参加を取り入れた教授・学習法の総称。学修者が能動的に学修することによって、認知的、倫理的、社会的能力、教養、知識、経験を含めた汎用的能力の育成を図る。発見学習、問題解決学習、体験学習、調査学習等が含まれるが、教室内でのグループ・ディスカッション、ディベート、グループ・ワーク等も有効なアクティブ・ラーニングの方法である。（太字は筆者）

同答申では、「生涯にわたって学び続ける力、主体的に考える力を持った人材は、学生からみて受動的な教育の場では育成することができない。従来のような知識の伝達・注入を中心とした授業から、（中略）学生が主体的に問題を発見し解を見いだしていく能動的学修（アクティブ・ラーニング）への転換が必要である」という。

そこで本章では、数ある「大学バズワード」のなかからＡＬをとりあげ、この言葉に対する誤解と幻想について論じる。現在進行中の「高大接続改革」（第四章を参照）でも、ＡＬ（主体的・対話的で深い学び）はキーワードのひとつであり、高校までの教育と大学教育との接続を考える意味でも重要である。

アクティブ・ラーニングが注目される背景

ＡＬが注目されるようになった背景には、おおむね三つの理由があると考えられる。すなわち、①学習理論と学習観の変化、②学生の多様化、そして③「非認知的能力」への注目、である。

第一の学習理論と学習観の変化とは、ひとことでいえば、「教員中心から学習者中心へ」そして「ティーチングからラーニングへ」という変化である。かつて優勢だった考え方は、「行動主義」(behaviorism) にもとづくもので、学びのなかでは「刺激」に対して「反応」があり、良い反応が起こりやすくなるように「強化」すれば、学習が向上すると考えられていた。教室で主導権を握るのは教員であり、教員は学習者に対して「刺激」としての知識を伝達する。学習者は知識を獲得したことを、テストなどを通して「反応」として示す。ここにあるのは一方向的な知識伝達型の講義であり、教員を中心として「教えること」（ティーチング）が重要視されている。

これに対して、「構成主義」（constructivism）にもとづく学習観が発展してきた。それによると、学習者は自分の知識をもとにして、自分を取り巻くヒト・モノ・空間などのリソースあるいは環境を活用し、学習活動に参加することで、知識をあらたに構成していくという。ここでは、教員も学習者が活用するリソースのひとつにすぎない。行動主義的な学習理論では、知識は学習者の頭のなかに詰め込まれていくが、構成主義の場合、知識は学習者自らが構成していき、学習はリソースや環境と関わることによって行われるので、学習と体験は切り離せない関係にある。

構成主義的な考え方のもとでは、教員が何を教えるかではなく、学習者が何を学ぶかが重要であり、教員中心の「教えること」（ティーチング）から学習者中心の「学ぶこと」（ラーニング）へと視点が転換される。そうなると、伝統的な講義方法からＡＬへと学習方法の転換がはかられることになる。

第二の学生の多様化は、学生の学力・意欲・学習歴における多様化を意味する。従来のように、学生に一斉に知識を伝達するほうが効率的であったのは、ある程度のばらつきはあるにせよ、学生の知識レベルが比較的同質であることが前提となっていた。しかし、学生が多様化すると、一方向的な知識伝達型講義の有効性は薄れざるをえない。逆に、学生間にみられる個人的差異や多様性を考慮した教育が求められ、単なる座学ではなく、学生を学習活動に参画させるようなＡＬが重要となる。

第三に、「非認知的能力」への注目についてである。ＩＱテストや学力テストなどによって測定できるような知的能力を「認知的能力」というのに対して、「非認知的能力」とは、忍耐力・協調性・自制心・自尊心・意欲をはじめ、個人の特性や情動に根ざしたさまざまな能力をさす。認知的能力は、従来型の「学力」にあたる。非認知的能力には、文科省のいう「生きる力」や「学力の三要素」のなかの「主体的に学習に取り組む態度」などが含まれる。

非認知的能力に関する研究は古くからあるが、ノーベル経済学賞を受賞したヘックマン（二〇一五）の研究により、あらためて注目されるようになった。経済開発協力機構（ＯＥＣＤ）（二〇一八）もヘックマンの研究を参照しながら、非認知的能力を「社会情緒的スキル」と表現している。そこには、目標の達成、他者との協働、感情のコントロール、などが重要な要素としてあげられている。ヘックマンやＯＥＣＤは、次の三つの重要な指摘をしている。①人生における成功には、認知的能力だけではなく非認知的能力も不可欠である、②認知的・非認知的能力ともに幼少期に発達し、その発達は家庭環境によって左右される、③幼少期の教育環境を豊かにする公共政策は、犯罪率の低下や労働生産性の向上といったかたちで、社会・経済的な問題の解決に寄与する。また、ヘックマンやＯＥＣＤは、幼少期に身につけた能力（スキル）が、適切な教育環境を整備するための投資により、雪だるま式に増幅していくといい、これを「スキルがスキルを生む」（skills beget skills）（ヘックマン二〇一五、ＯＥＣＤ二〇一八）と表現している。

①の人生の成功における非認知的能力の重要性に関連して、ダックワース（二〇一六）は、人生で成功を成し遂げるためには、才能よりも「グリット（grit）」（やり抜く力）が重要であると指摘し

ている。また本田由紀（二〇〇五）は、非認知的能力にあたるものを、基礎学力で測られる「近代型能力」に対して、「ポスト近代型能力」と呼んだ。そして、それが人々の社会的地位や収入といった社会的位置づけにとって、重要になりつつあると指摘する。②の幼少期における認知的・非認知的能力の発達や、③の教育環境を整備する投資は、教育政策がとりもなおさず経済政策であることを示している。これについては、第四章でふれる。

このように、認知的能力に加えて非認知的能力が、個人の人生だけではなく社会的な成長や安定にとって重要であると考えられるようになった。しかし、従来の認知的能力を育成するために行われてきた一方向的な知識伝達型の授業は、非認知的能力の育成にはあまり役に立たないようにみえる。非認知的能力の育成は、知識の注入だけでは解決しないと考えられるから、学習者どうしの相互作用を活用したＡＬの可能性が注目されるのも理解できる。

以上のような理由と、（答申でおなじみの表現である）「予測不可能な時代」に対応した学習・教育方法として、ＡＬが注目されるようになったといえる。前述の「質的転換答申」における説明はあるものの、教育現場ではその具体的な姿がわかりにくい。そのために、ＡＬに対するさまざまな誤解が生じている。

アクティブ・ラーニングに関する五つの誤解

ＡＬに対する誤解に答える前に、簡潔なＡＬの定義として、溝上慎一の定義を示しておく。

一方的な知識伝達型講義を聴くという（受動的）学習を乗り越える意味での、あらゆる能動的な学習のこと。能動的な学習には、書く・話す・発表するなどの活動への関与と、そこで生じる認知プロセスの外化を伴う。（溝上二〇一五）

ここでいう「認知プロセスの外化」とは、別の言葉でいえば、活動中あるいは活動後に、学習者が感じ、記憶し、考えた事柄を、文章や会話、発表などのかたちで外に出すことである。したがって、ALには〈活動あるいは経験→内面的な「ふりかえり」→外化〉という三つのフェーズがあるといえる。

さて、ALに関するよくある誤解として、以下の五つがあげられる。

誤解一　ALとはグループワークやディスカッションのことである。
誤解二　ALは特別な教育方法であり、誰にでも実践できるわけではない。
誤解三　ALは大教室で実施することはできない。
誤解四　ALは一方向的な講義を否定するものである。
誤解五　ALによって知識の習得がおろそかになる。

第一の誤解は、代表的なものである。学生が能動的に学習するといっても、なかなかイメージがわかないため、わかりやすい具体例として、グループワークやディスカッションが引き合いに出されることが多い。ここでいうグループワークとは、なんらかの課題にグループで取り組み、何かを制作したり、課題に対する結論を出したりするような作業をさす。たしかに、一見、グループワークやディスカッションに参加する学生の姿は能動的にみえる。そのため、ALのイメージがわかりやすい具体例に引きずられていくことになる。実際、「質的転換答申」でも、グループ・ディスカッション、ディベート、グループ・ワークなどの例示がある。しかし、ALの手法は多様であり、特定の手法に限定されるものではない。

たとえば、ヴァン・アンバーグ（Van Amburgh et al. 2007）は、いわば「ALのカタログ」と呼べるものを作成し、二二種類の手法を列挙したうえで、その学習活動の複雑さのレベルに応じて高・中・低の三つに分類している。そこには、口頭でのQ&Aにはじまって、ペアでの意見交換、ロールプレイ、ケーススタディ、問題解決学習にいたるまで、さまざまなALが示されている。また、山地弘起（二〇一四）は、多様なALを「構造の自由度」と「活動の範囲」の二つの軸から整理している（図表5）。

このようにみると、「ALは特別な教育方法であり、誰にでも実施できるわけではない」という第二の誤解も解けることになる。また、ALという名前で呼ばなくとも、これまでにもなんらかのかたちで実践されてきたと考えられるものも多い。さらに、「ALは大教室では実施できない」という第三の誤解も解ける。ALには、グループワークやディスカッションのような、小集団を中心とした活動のイメージが強いため、大教室における実施が困難であると考えられがちである。しかし、「Q&A」をはじめ、となりの学生とペアを組ませる、あるいは四～五人のグループを作らせ

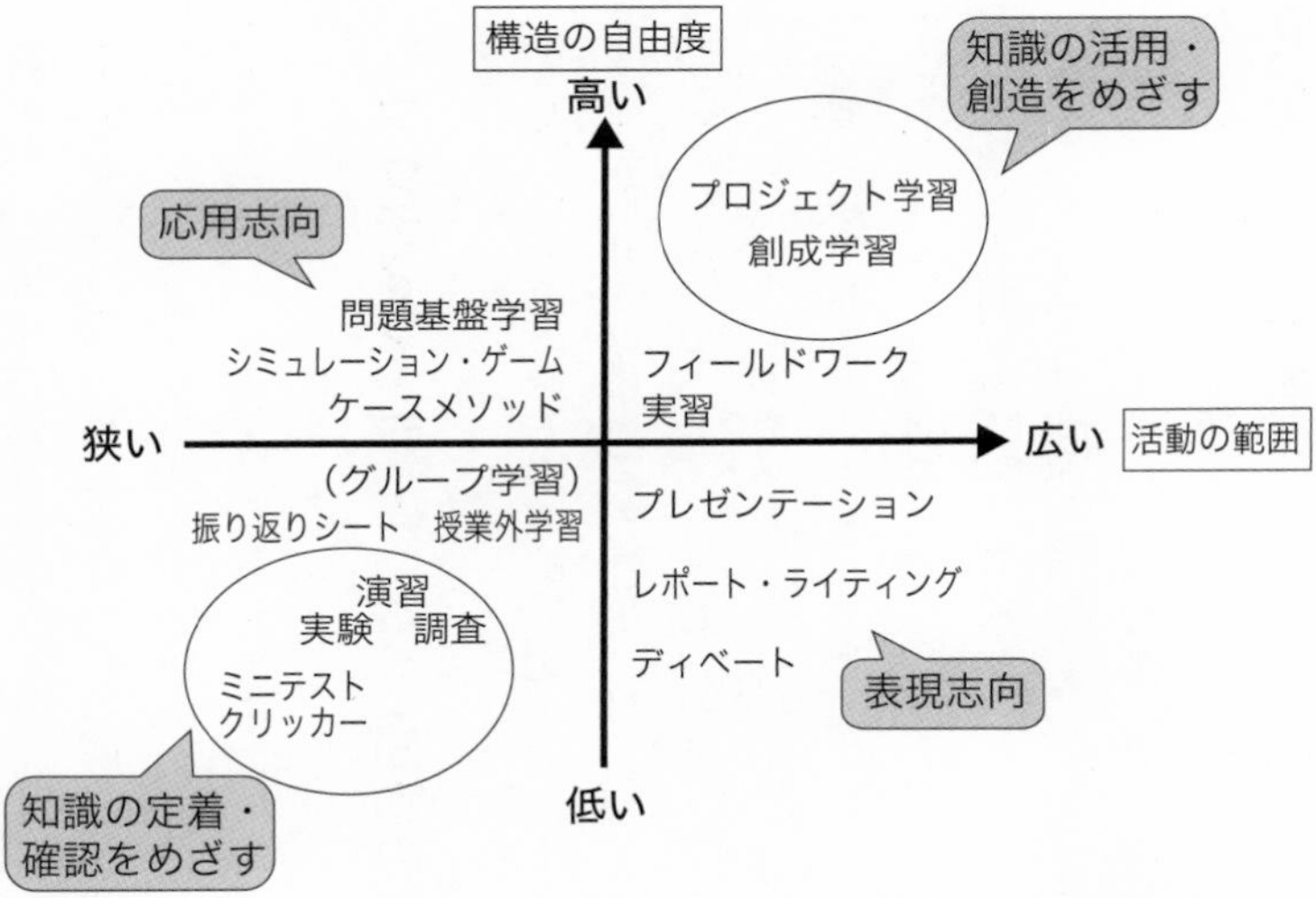

出典：山地 2014 より

図表５　多様なAL

て、ひとつの課題について意見交換をさせることは可能である。

さて、第四の「ＡＬは一方向的な講義を否定するものである」という誤解について答える。前述のＡＬが注目されるようになった背景を考えると、従来型の講義形式が否定されたかの印象を受けやすい。しかし、講義型かＡＬ型かという二者択一の問題ではないし、九〇分の授業を最初から最後までグループワーク等のＡＬで通すのも現実的ではない。実際には、教員による講義とグループワーク、それを受けての「ふりかえり」や総括など、いくつかのセクションに区切って、講義型とＡＬ型の両方の要素を組み合わせた授業が進められることのほうが多い。

大学教育に関する議論が常に陥りやすい問題は、受動的／能動的、研究／教育、グローバル／ローカルといった二分法で物事をとらえやすく、一方が否定されると、もう片方に議論が極端に振れてしまうことである。授業の形態を考える際、ひとつの極に完全一方向的な知識伝達型の講義（完全受動型）を想定し、もうひとつの極に学生による完全自律型の学習（完全能動型）を想定した場合、現実の授業の姿は、両極を結ぶ線上のどこかに位置づけられるはずだ。

アクティブ・ラーニングと知識の習得

ＡＬについての第五の誤解は、「ＡＬによって知識の習得がおろそかになる」というものである。答えを先取りすれば、この誤解とは逆に、ＡＬで知識の習得を促進する方法もある。これについては、のちにふれる。

たしかに一方向的な講義であれば、伝えるべき知識のリストを気にしながら、ひとまずは学期内に必要事項を教えることはできる。ただし、講義で教員が「伝達する」知識量と、それを聴く学生が「習得する」知識量が同じであるとはいえない。つまり、知識伝達型の講義だからといって、知識が確実に習得されている保証はない。

そもそも、ＡＬは知識の詰め込みを主たる目的としているわけではない。むしろ、知識の量よりも学びの深さを重要視し、学習者が他の学習者と相互作用することを通して、知識を自分のものにしていくことを促進する。また、どれだけの知識をどのように伝えるかは授業デザインの問題であり、ＡＬ自体の問題ではない。ＡＬと知識量に関する質問の多くは、授業で終始ＡＬを実施するイメージをもっていると考えられる。しかし、すでに指摘したように、授業の目的に応じて、講義型とＡＬ型を組み合わせた授業を展開すればよい。知識の伝達を考えた場合、教室内でのＡＬで授業が完結すると考えるのではなく、授業外学習と教室内におけるＡＬをいかに組み合わせるかを考える必要がある。たとえば、「反転学習」はその可能性を示唆している。「反転学習」とは、従来の講義にあたる部分をオンライン教材等で事前に学習し、教室では、ＡＬを通して事前学習で得た知識をさらに深めていくという方法である。

ＡＬが一方向的な知識伝達型の講義を乗り越えるところから出発しただけに、知識の習得については、一見、弱点があるようにみえる。しかし、ＡＬを通して、知識の習得と構成を促すことに成功している事例もある。たとえば、「ジグソー法」を発展させ、三宅なほみを中心に開発された「構造化ジグソー法」や「ダイナミック・ジグソー法」などがあげられる。

「ジグソー法」（アロンソン一九八六）とは、以下のような学習方法である。ひとつの教材をいくつかに分割し、各部分を担当するメンバー（エキスパート）が、他のグループの同じ部分を担当するエキスパートとともにエキスパートグループを構成し、意見交換をする。さらに、各エキスパートがもとのグループ（ジグソーグループ）にもどる。ジグソーグループ内では、それぞれに担当部分が異なるから、自分の担当部分の内容について他のメンバーに伝える。そして、グループ内で意見交換し、教材の全体像を把握するとともに、グループの意見をまとめる。まさに、ばらばらのピースをつなぎあわせて、ジグソー・パズルを完成させるのと同じである（図表６）。

三宅（二〇〇四）は、ジグソー法を発展させた「構造化ジグソー法」を開発した。たとえば、認

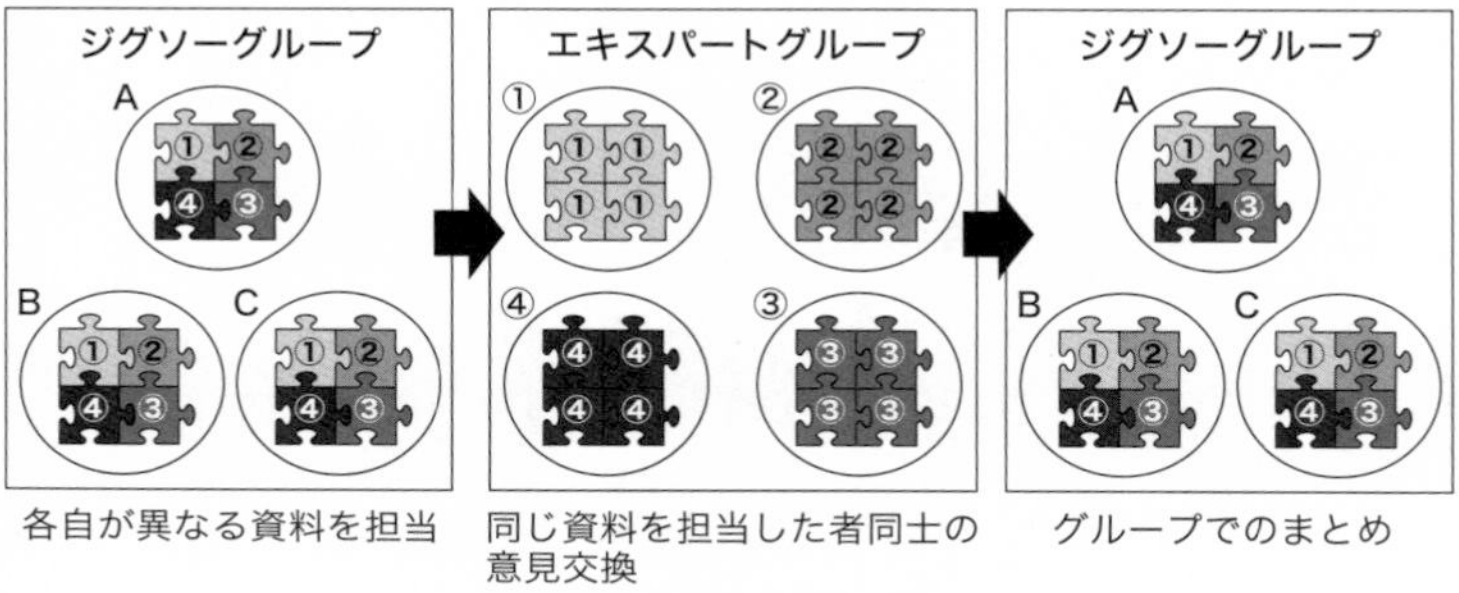

図表６　ジグソー学習

知科学に特徴的な「学習」「問題解決」「記憶」という三分野それぞれに対して、「認知心理学」「シミュレーション・モデル」「現場観察」という三つの研究方法があるとすれば、三×三で九種類の資料を用意する。各資料を分割してジグソー法を行い、その後、同一テーマで異なる研究方法、同一研究方法で異なるテーマ、といった具合に、ジグソー法の幅を広げていくことで、全体の構造と研究テーマおよび研究方法の広がりについて理解することができる。

「ダイナミック・ジグソー法」は、さらにあつかうテーマの幅を広げ、クラス全体を巻き込んで、一学期かけて大規模なジグソー法を実施するものである。ここで重要なのは、これらのジグソー法が単なる教室内でのＡＬで終わらないことである。三宅は、ＡＬをさらに深めるために、オンライン上のコメント共有システムを開発した。学生は、個人で調べたことや考えたことをオンライン上にノートとして投稿し、他の学生のノートとの関連性を考えたり、相互にコメントしたりする。つまり、学生は断片的な知識を組み合わせることで、学びを深めていく。

三宅の実践にみられるように、ＡＬの手法を使って、学生がかなり多くの知識量を習得することも可能である。したがって、一方向的な講義で習得される知識の量が多く、ALによって習得される知識の量は少ない、と簡単に一般化することはできない。

アクティブ・ラーニングにまつわる神話

以上、ALにまつわる五つの誤解について論じた。この五つには含めなかったが、誤解というよりも誤認されている事柄がある。ALの有効性を示す根拠として、学習方法別の学習定着率を示す「ラーニング・ピラミッド」（Learning Pyramid）（図表7）なるものがよく引用される。しかし、以前から指摘されてきたように、これは一種の「都市伝説」である（De Bruyckere et al. 2015）。つまり、一〇〇％ウソではないにせよ、事実として認定しがたい事柄に尾ひれがつけられ、あたかも事実であるかのように広まった物語である。

　これは、アメリカのナショナル・トレーニング・ラボラトリー（ＮＴＬ：National Training Laboratories）によって、一九六〇年代初頭に開発されたとされるもので、学習方法別の学習定着

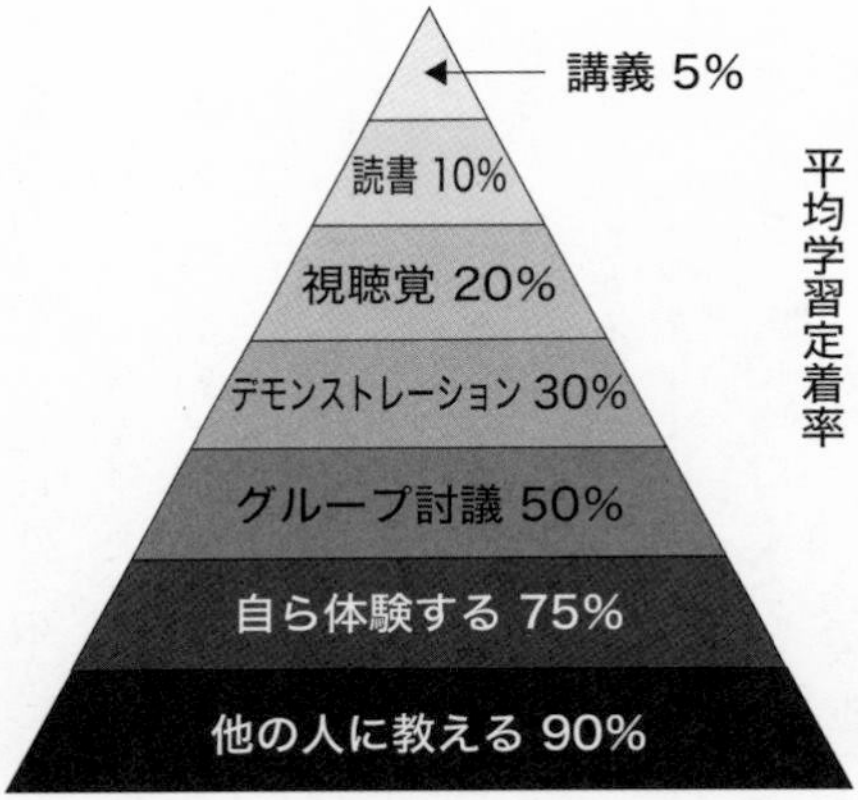

出典：The Learning Pyramid. アメリカ National Training Laboratories

図表７　「ラーニング・ピラミッド」の神話

率（学習内容がどの程度残るのか）を示しているという。図によれば、一方向的な講義よりも、グループ討論、自ら体験することや他人に教えるといった、いわゆるアクティブな学習方法の学習定着率がはるかに高い。そこで、ALの有効性を示す根拠としてよく引用されるようになった。

しかしNTLによると、この図に示された平均学習定着率を裏付けるような研究や実験の形跡を見つけることはできない。つまり、何の科学的根拠もなく、この図だけが一人歩きしたわけである。さまざまな研究がすでに指摘しているが、この図の原型はデール（一九五〇）の「経験の円錐」(cone of experience) にあるようだ。デールは、決して学習定着率を示したわけではないため、もちろん学習定着率を示すパーセンテージは原型の図にはない。それにもかかわらず、いつのころからかデールの図にパーセンテージを付して、学習方法によって学習内容の定着度がどれだけ変わるかを示す図が広まった。その最終形ともいえるのが、NTLのラーニング・ピラミッドである。

経験的には、学習した内容を他者に伝えることにより、学習内容の定着が強化されることはうなずけるが、ラーニング・ピラミッドはALの有効性を示す学問的な根拠にはならない。

「白熱教室」幻想

二〇一〇年、NHKはハーバード大学教授マイケル・サンデルの『ハーバード白熱教室』（以下「白熱教室」）を放送した。同番組は、「正義」(Justice) をテーマにしたもので、ハーバード大学の講堂を埋めつくす学生を相手に、サンデルが対話型の授業を展開する様子を伝えた。やがて、サンデルの授業方法はALの代表例としてもてはやされるようになり、日本人の大学教授による『白熱教室JAPAN』も制作された。続いて、『スタンフォード白熱教室』や『コロンビア白熱教室』など類似の番組も放送された。

サンデルの授業は「対話」というかたちをとっているので、AL型の授業として位置づけることができる。しかし、ALの本来の理念に立ち返ったとき、サンデルの授業が学生の能動的学習を促すものになっているかというと、いささか疑問である。宇佐美寛と池田久美子（二〇一五）は、サンデルの授業方法を徹底的に批判している。宇佐美らは、「白熱教室」の初回でサンデルが取り上げた、有名な「トロッコ問題」(trolley problem) と呼ばれる思考実験から批判をはじめる。トロッコ問題の内容は、以下の通りである。

君は路面電車の運転手で、時速一〇〇キロの猛スピードで走っている。ところが行く手に五人の労働者がいることに気づき、電車を止めようとするが、ブレーキが利かない。そのまま進めば、五人の労働者に突っ込み、五人とも死んでしまう。君は絶望し、あきらめかけたとき、脇にそれる別線路があることに気づく。しかし、そこにも労働者が一人いる。ブレーキは利かないがハンドルは利くため、別線路に入ることはできるので、一人は殺してしまうことになるが、五人は助かることになる。さて、正しい行いはどちらか。君ならどうする。

ALに関連すると思われる部分に限定して、宇佐美らの批判を簡単にまとめると、次のようになる。

サンデルは、判断の根拠となる「状況」について具体的に提示する、あるいは想像させることもせず、「正しい行いはどちらか」という二者択一を強制している。そして、さまざまな可能性を想像する自由や考える時間をあたえず、即座に挙手させる。しかも、サンデルが学生に対して一方的に質問し、学生には質問する権利がない。また、何を考え、何を考えないかの制約条件をサンデルが一方的に決め、学生には制約の理由やその正当性を問う権利があたえられていない。したがって、学生は問われたことだけに答えることが求められ、サンデルがあらかじめ設定した制約からはずれた意見は歓迎されないことになる。

池田は、これはまさに「尋問」であるという。こう考えると、「対話」としてもてはやされてきたサンデルの授業が、ALの理念から逸脱したものにみえてくる。大講堂を埋めつくす学生、サンデルと学生のやりとり、この部分の映像のみを切り取ると、あたかも熱を帯びた教室にみえる。「白熱教室」をみて、サンデルのような授業にあこがれ、それを実行にうつした大学教員を何人も知っている。しかし、めざましい成果が上がったという報告はあまり聞かない。厳しい言い方をすれば、その実践が一方向的な講義の延長で、あいかわらず教員が主導権を握る、いわば「白熱教室ごっこ」になっていなかったかを検証すべきである。

この「白熱教室ごっこ」が、「ごっこ」ではなく学生を巻き込むAL型授業に展開するためには、授業デザインを工夫する必要がある。宇佐美らも示唆しているが、学生が教室で発言することの前提として、読む・考える・書くという学習活動の時間を確保することが望ましい。サンデルの授業に出席している学生は、何の準備もなく即興で質問に答えているとの誤解がある。しかし、サンデルの授業にも当然シラバスがあり、一般的な日本のシラバスと異なり、各回の授業までに読むべき文献が示されている。授業は、その文献を読んだことを前提に進められる。ただし、前述の宇佐美らの批判を受け入れるとすれば、サンデルが主導権を握っている以上、それにあわせて学生は即興で答えざるをえない。サンデルをまねた授業が、ともすれば「ごっこ」に終わり、対話が深まらない理由のひとつは、事前にテーマと関連する文献や資料等を読ませたり、考えさせたりすることをしないからであろう。このことは、授業外の学修時間をいかに確保するかという問題とも関わる。また、対話を深める方法のひとつとして、テーマについてペアやグループで話し合い、それを受けて対話に展開するのも有効であると考えられる。

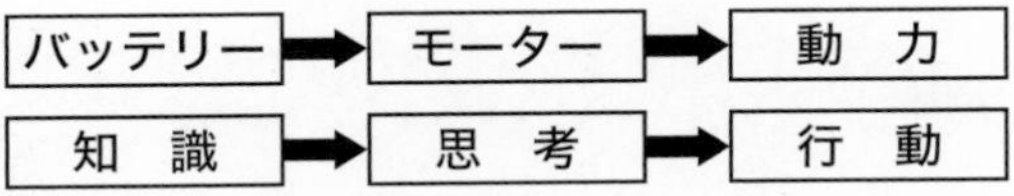

図表８　知識・思考・行動

知識と思考

一般的にＡＬの議論においては、知識伝達型の授業からＡＬへ、という図式が強調されるあまり、知識と思考を二分法的にとらえる傾向がみられる。しかし、知識がなければ思考が成立しないことは、いうまでもない。これを、今風に電気自動車の構造にたとえれば、上図のようになる。

バッテリーが知識にあたり、それがあるからモーターが動く（思考できる）。そして、その結果、動力（行動）に結びつく。これは、前述の溝上によるＡＬの定義とも重なる。ＡＬには〈活動あるいは経験→内面的な「ふりかえり」→外化〉という三つのフェーズがあったが、これらは「知識・思考・行動」の流れとほぼ一致する。ただし、厳密にいえば、知識を獲得したり何かを経験したりする、また、それらを書く・話す・発表する際にも、われわれは同時に思考しているので、思考というプロセスはすべての局面に関わる。また、「知識・思考・行動」は一方向的ではなく、つねに相互に関連している。

ところが、ＡＬに関する議論では、知識に関する部分が抜け落ち、思考と行動、つまり一緒に考えて、話し合って、発表する、という部分が注目される傾向がある。したがって、教員がテーマを提示し、「さあ、みんなで考えよう」といったところで、そのテーマについての知識も考え方も身につけずにグループワークをやったところで、たんなる思いつきや主観的な意見しか出てこない。前述の「白熱教室」でも、たとえそれがＡＬの理念から逸脱しているものであったとしても、対話の前提としての知識の習得が求められている。宇佐美ら（二〇一五）が示唆するように、読む・考える・書くという学習をＡＬのなかにいかに組み込むかが重要になる。

「詰め込み教育／ゆとり教育」や「知識の詰め込み／ＡＬ」といった二分法で教育が語られることが多い。「ＡかＢか」の二分法でものごとを考えると、結局、「ＡもＢも」成立しなくなる可能性がある。知識がなければ思考が成り立たないということは、少し考えれば誰でも理解できることだ。しかし、暗記教育と受験戦争のトラウマからか、このあたりまえのことが忘れられている。筆者は、過度にならない程度の知識の詰め込みは必要であると考える。ではどうすればよいのかについては、

第六章で論じる。

「野放し」と「過干渉」

ここまで、ALにまつわるさまざまな誤解や幻想について述べてきた。これら以外にも、ALという新奇な言葉に対する不安や懐疑が、教育現場ではあらぬ誤解を生んでいる。

たとえば、以前、中高の教員向け雑誌の記事のなかで「ALを導入すれば、生徒が話し合っている時間が増えるので、教員の負担が軽減される」などという教員の発言をみて、その理解に愕然とした記憶がある。たしかに、教員が学生に発する言葉の量だけに着目すれば、一斉授業とALでは後者のほうが少なくなるようにみえる。しかし、教育にかける教員の労力自体が減るわけではない。ALの導入によって、教員の役割は、知識の伝達者からファシリテーターへと変化する。つまり、学生に寄り添って、学びを促すような役割が重要になり、むしろ一斉授業よりも、教員としての力量が問われることになる。

「教員の負担が軽減される」という誤解が生まれる背景には、グループワーク等で、学生が教員の手を離れて学習しているようにみえるということがある。しかし、グループワークを成功させるためには、明確な課題提示、ワークのための資料や道具立ての準備、教員の促しが必要だ。したがって、教員の労力を軽減するために、学習者をほったらかしにするのは、筆者に言わせれば「野放しのAL」である。ALの代表的な失敗のひとつは、教員がテーマだけあたえて、「さあ、考えよう」というだけのワークである。何をしてよいかわからない学生は、思考停止に陥ってしまう。前述のように、考えるためにはテーマに関する基礎知識や考え方を身につける必要がある。まさに、ALの要素を授業のなかでどのように展開するか、という授業デザインについての工夫が重要である。また、「野放し」とは反対に、教員が介入しすぎるのも「過干渉のAL」として問題である。ALにおいて、この「野放し」と「過干渉」のあいだのほどよい距離感を体得するには、やはり教員の力量が問われる。さらに、発達障がいをはじめとする要支援学生やコミュニケーションが苦手な学生に対して、いかに対応するのかもALの課題である。ALを円滑にすすめるためには、個々の教員だけではなくチームとしての対応が必要であるし、また「失敗事例」(中部地域大学グループ・東海Aチーム二〇一四、亀倉二〇一六)から学ぶことも多い。

昨今、新学習指導要領の実施を目前に、初等中等教育の教育現場ではAL実施についての不安が高まっているようにみえる。しかし、「総合的な学習の時間」(以下「総合学習」)のことを思い出してほしい。ALの基本理念が共通認識としてあったかどうかは別としても、そこで実践されてきたことはALではなかったのか。筆者自身、初等・中等教育の実践例を参考に、大学生向けのALを実践してきた経験がある。そう考えると、まったく新しい概念としてALをとらえるのではなく、総合学習で蓄積された実践を資産として、今後のAL型授業にいかに活用するかを考えたほうが得策だ。文科省は、「ゆとり教育」に対するトラウマからか、それに関連する過去の総合学習にふれたがらないようにみえるが、これまでの蓄積と「主体的・対話的で深い学び」の連続性を認めるべきではないか。そのことによって、教育現場でもALに対する理解が得られるだろう。

模倣と誤解の教育史

本章では、ＡＬの誤解と幻想について論じてきた。ＡＬを含め大学バズワードの多くは、輸入・模倣によるものだった。模倣はいわば日本の「お家芸」であり、日本企業が急成長した背景には先進国の模倣がある。競合他社の製品を分解・分析し、その原理や製造技術を自社製品に取り入れる「リバース・エンジニアリング」という手法は、かつての日本のものづくりに生かされていた。工業製品の場合、リバース・エンジニアリングによってより良い製品が生まれるが、大学バズワードの場合、製品の「分解・分析」にあたる部分が抜け落ちているため、模倣が成功しない場合が多い。

このことは、なにもいまにはじまったことではない。日本の教育史をひもとくと、この傾向は近代の学校制度がはじまった頃からみられる。筆者は、近代日本における「記憶術」の流行に関して、歴史社会学・社会史的な論考をまとめた際、明治期にアメリカから初等教育に輸入された教育法「庶物指教《しょぶつしきょう》」について取り上げたことがある（岩井一九九七）。

「庶物指教」とは、五十音やさまざまな単語、数字などが書かれた「掛図」を指さしながら、教師が生徒に問いかけるものである。明治五年（一八七二）、この教育方法は、わが国初の小学校教員養成機関である東京の師範学校で導入された。もともとは、スイスの教育学者ヨハン・Ｈ・ペスタロッチの教育思想にもとづく「オブジェクト・レッスン」（object lesson）を起源とし、日本では「庶物指教」と翻訳された。ペスタロッチの思想では、暗記に終始する従来の教育への反省から、生徒にできるだけいろいろなモノ（庶物）にふれさせ、具体的なモノを通して、モノや現象に対する自発的な探求心や理解を深めさせようとするものだった。そこでは、教師は生徒の知的探求心を刺激する役割が求められ、そのために「問答」という双方向的なコミュニケーションが必要となった（豊田一九八八）。

これをみると、総合学習やALに通じる考えが、ほぼ一五〇年前の日本に導入されていたことがわかる。ところが、イギリス・カナダ・アメリカを経由して輸入された「オブジェクト・レッスン」は大きく変容しており、日本にたどりついたときには、原型とは似て非なるものになっていた。

小学校教師のためのマニュアルともいえる『小学教師必携』（諸葛一八七五）をみると、たとえば、掛図に書かれた「柿」という単語を指して、教師は「柿トイフ物ハ、如何ナル物ナリヤ」と生徒に問う。さまざまな答えがあってもよいはずだが、ここで生徒は「柿ノ木ニ熟スル実ナリ」と答えなければならない。このあとも、「柿」の特徴（食べ方、味、生育など）をめぐって問答は続き、その「台本」が示されている。教師の問いに対して、生徒が答えるべき文言はあらかじめ決められ、一字一句間違わずに答えなければならない。ここでは、答えはたったひとつしかないのであり、完璧な暗記こそが目的とされていた。これでは、ペスタロッチの意図とは正反対のものである。

「庶物指教」の導入は教育史のなかの小さな出来事かもしれないが、その教訓をわれわれは忘れてはならない。また、約一五〇年前のこの出来事を、近代化を急ぐあまりにおこった失策としてかたづけるべきではない。大学バズワードの輸入を通してみたように、すでに同じあやまちを何度も繰り返しているのだから。

「学ぶ」の語源が「まねぶ」（＝まねる）にあるように、模倣はあらゆる分野で強力な武器になる（シェンカー二〇一三、井上二〇一五）。ただし、それは、模倣したものを自分のものにできたかぎりにおいてである。大学人にとってバズワードの数々は、うまく料理すれば役に立つことがわかっていても、いつも「生煮え」のままで食わされ続けてきて、常に腹痛をおこしている状態だといってよい。

第二章　グローバル人材と英語幻想

「グローバル」という名のガラパゴス

世間では、「グローバル化の進展により」や「グローバル化の時代に」といった枕詞がよく使われる。「グローバル化」という言葉があまりにもあたりまえになって、われわれはその意味さえ考えなくなっている。「グローバル人材」というバズワードも、まさにグローバル化を前提としている。そこで、まず「グローバル化」という言葉の意味について確認しておきたい。

「グローバル化」(globalization) にはさまざまな定義があるが、簡単にいえば、人・モノ・金・情報などの流動性が高まり、経済・政治・文化をはじめ人間の諸活動やコミュニケーションが、国や地域の枠組を超えて地球規模で行われるようになる状況あるいはプロセスをさす。グローバル化のプロセスでは、二つの相反する力が作用する。ひとつは、ファストフードのマクドナルドが世界を席巻するように、世界が均質化・均一化に向かう力である（リッツァ一九九九、二〇〇一）。もうひとつは、この均質化・均一化に対抗する力であり、地域や民族が文化の独自性・個別性を主張するものである。このような、グローバルとローカル、均質性と多様性が相互に浸透するプロセスを、ロバートソン（一九九七）は「グローカル化」(glocalization)と呼んだ。

このようにグローバル化をとらえるとすると、地方の中小企業や自治体ですら直接的・間接的に世界情勢に影響を受けているし、インターネットの普及はグローバル化をもっとも身近に実感できるものである。もちろん、多くの人々が日常的に世界情勢に関心を寄せているわけではないし、世界との関係を強く意識するような場面もそれほど多くない。とはいえ、好むと好まざるとにかかわらず、日本はグローバル化の流れのなかにあり、日本人は直接的・間接的にグローバル化に対応せざるをえない状況にある。その意味では、「グローバル人材」などというおおげさな言葉を使う必要はないようにもみえる。

しかし、「グローバル人材」という言葉がわざわざ使われる背景には、政府や産業界の意図がある。つまり、グローバル人材の意味するものは、世界を相手に活躍し日本の経済成長に貢献できるような人材、ということだろう。たしかに、「グローバル人材」という言葉を使わなければ、グローバル化に対する人々の意識づけができない、ということは理解できる。諸外国とりわけヨーロッパ諸国をみれば、早くから人・モノ・金・情報などの流動性は高く、「グローバル人材」などという言葉をわざわざ使う必要もなかった。その意味では、ことさら「グローバル」という言葉を使うこと自体、日本が「ガラパゴス」状態であることを露呈していることになる。文科省が二〇一四年にはじめた「スーパーグローバル大学創成支援事業」なども、そのネーミングのセンスの悪さが気になるところだが、日本で「グローバル」という言葉を連呼すればするほど、皮肉にも、自らが

「ガラパゴス」状態なのだということを認めていることになる。

「グローバル人材＝スーパー日本人」説

文科省、経産省や産業界は、声高にグローバル人材の育成をさけぶが、グローバル人材はどのように定義されているのだろうか。

経済産業省は、産業競争力強化のためにグローバル人材を産学連携して育成する目的で、「グローバル人材育成委員会」を設置した。同委員会は、「報告書～産官学でグローバル人材の育成を～」（二〇一〇年四月）で、次のようにグローバル人材を定義している。

グローバル化が進展している世界の中で、主体的に物事を考え、多様なバックグラウンドをもつ同僚、取引先、顧客等に自分の考えを分かりやすく伝え、文化的・歴史的なバックグラウンドに由来する価値観や特性の差異を乗り越えて、相手の立場に立って互いを理解し、更にはそうした差異からそれぞれの強みを引き出して活用し、相乗効果を生み出して、新しい価値を生み出すことができる人材。

さらに、グローバル人材に共通して求められる能力として、①社会人基礎力、②外国語でのコミュニケーション能力、③「異文化理解・活用力」の三つをあげている。「社会人基礎力」自体、三つの能力と一二の能力要素からなり、それを身につけるだけでも大変である。また、新成長戦略実現会議の決定のもとに設置された「グローバル人材育成推進会議」（以下「推進会議」）の「審議まとめ」（二〇一二年六月四日）では、グローバル人材の概念には、以下の要素が含まれるという。

要素Ⅰ：語学力・コミュニケーション能力
要素Ⅱ：主体性・積極性、チャレンジ精神、協調性・柔軟性、責任感・使命感
要素Ⅲ：異文化に対する理解と日本人としてのアイデンティティー

このほかにも、グローバル人材にかぎらず、社会の中核を支える人材に共通して求められる資質として、「幅広い教養と深い専門性、課題発見・解決能力、チームワークと（異質な者の集団をまとめる）リーダーシップ、公共性・倫理観、メディア・リテラシー等」があげられている。

では産業界では、グローバル人材をどう定義しているのか。経済同友会は、グローバル経営を加速させる人材として、「グローバル経営人材（グローバルリーダー）」「グローバル人材」「ローカル経営人材」「ローカル人材」の四つにタイプ分けしたうえで、「グローバル人材」を以下のように定義している（「日本企業のグローバル経営における組織・人材マネジメント」二〇一二年四月二五日）。

グローバルな環境できちんと仕事が出来、リーダーシップを発揮できる人材である。そのためには、自ら考え、意見を持ち、それを表明できる〝自己表現力〟、異文化を理解し、変化を

楽しみ、現地に馴染んでいく〝異文化柔軟性〟、多様な人材と協働し、信頼され、リーダーシップを発揮できる〝多様性牽引力〟が必要となる。また、コミュニケーションツールとしての英語や中国語等の多言語が必要となる。

また、経団連の「グローバル人材の育成・活用に向けて求められる取り組みに関するアンケート結果」（二〇一五年三月一七日）では、グローバル人材に求める素質・能力として、以下のようなものがあげられている。

社会人としての基礎的な能力に加え、日々、変化するグローバル・ビジネスの現場で、様々な障害を乗り越え、臨機応変に対応する必要性から「既成概念に捉われず、チャレンジ精神を持ち続ける」姿勢、さらに、多様な文化・社会的背景を持つ従業員や同僚、顧客、取引先等と意思の疎通が図れる「外国語によるコミュニケーション能力」や、「海外との文化、価値観の差に興味・関心を持ち柔軟に対応する」こと。

高い理想を掲げなければならない事情も理解できるが、ここまでくると、政府や産業界が描くグローバル人材像というのは、ワイシャツの下から「S」の字が透けてみえるような「スーパー日本人」像であることがわかる。しかも、ただの「日本人」ではなく、グローバル・ビジネスの先兵として、世界で戦えるビジネス・パーソンである。このような「スーパー日本人」を大学で育てろというのか。その前に、「グローバル人材＝スーパー日本人」が、いまの産業界にどれだけいるかを考えれば、その過大な要求が少しは理解できるはずである。グローバル人材にかぎらず、政府や産業界が求める人材像は、多様な能力を身につけた人間として描かれている。これは、第四章でも論じるが、重度の「コンピテンシー病」の症状であり、人間の能力を細かく分解することで、人間の能力が正確に把握できると勘違いしている「病」である。

筆者は、専門のひとつである経営人類学の研究の一環として、日本の代表的な自動車メーカーや家電メーカーの元社員の方々にインタビューしたことがある。彼らは、いずれも企業が海外進出する際に活躍し、現地に拠点をつくってきた経験がある。なかには外国語学部を卒業した人もいたものの、おおかたはそれ以外の学部を卒業していた。その意味では、かならずしも外国語の専門教育を受けているわけではない。当時、「グローバル人材」などという言葉はなかったが、彼らこそ政府や産業界が求めているグローバル人材のモデルに近いのではないか。

また、『日本――その姿と心』（日鉄住金総研二〇一六）という日本文化を日英対訳で紹介した本がある。もともと新日本製鉄株式会社（現・新日鐵住金株式会社）が、社員のための海外業務マニュアルとして作成・使用していたものを一九八二年に書籍化したもので、初版以来、版を重ねて一〇〇万部を超すという。同書には、海外駐在員が実際に外国人から質問された内容が整理されている。このような本の存在をみると、世界に伍して活躍してきたモデルとなる企業人が多くいることがわかる。そのような人々から、企業と大学は学ぶべきではないのか。つまり、グローバル人材が育たない、あるいは大学はそれを育成してこなかったという前に、足元のロール・モデルをいま一度見直すべきである。

グローバル人材需要という虚構

政府や産業界は、グローバル人材の重要性とその育成が急務であることを強調してきたが、はたしてその需要はあるのか。

みずほ情報総研による「大学におけるグローバル人材育成のための指標調査」(二〇一二年三月)は、先に紹介した推進会議の定義が曖昧であるとして、企業において、以下のすべてを満たす人材をグローバル人材と再定義している。

①現在の業務において他の国籍の人と意思疎通を行う必要がある
②①の意思疎通を英語で(あるいは母国語以外の言語で)行う必要がある
③ホワイトカラー職(※)の常用雇用者である

※ここで「ホワイトカラー職」とは、現行の日本標準職業分類における大分類A～D(管理的職業従事者、専門的・技術的職業従事者、事務従事者、販売従事者)をさす。

この定義にもとづき、五年後のグローバル人材需要の発生率(常用雇用者総数に占めるグローバル人材の割合)についての質問に対して、八四一社のうち六一・四%が「0%」でよい(グローバル人材は不要）と答えており、「0％超一〇％以下」（二一・六％）をあわせると、グローバル人材があまり必要ではないという企業が八割を超える。

また、経団連の「グローバル人材の育成・活用に向けて求められる取り組みに関するアンケート結果」（二〇一五年三月一七日）（経団連会員企業二四三社、非会員企業二二〇社が回答）によると、グローバル人材の定義については「定義していないし、今後も定義する予定はない」（三八％）がもっとも多く、続いて多いのが「定義していないが、今後、定義する必要性を検討」（三六％）だった。また、定義しない理由については、「定義する必要を感じない」（四〇％）がもっとも多く、続いて「求められる人材要件が明らかになっていない」が三〇％という結果になった。

これらのデータをみると、グローバル人材育成を求める声と当の産業界の現場とのあいだに大きなギャップや温度差があることがわかる。社会のニーズに対応したグローバル人材育成というが、このような状況をみると、どこに「社会のニーズ」があるというのだろうか。

海老原嗣生（二〇一六）は、産業界におけるグローバル人材のニーズは、いくら足しても日本で一万人、アメリカで二万人、フランスで四〇〇〇人程度だと試算している。メガバンクの本社にいても、海外で活躍できる人間は一割もいない。自動車産業でも、本社勤務のうちのほんのひと握りだという。実際は、そこかしこにグローバルな仕事があるわけではないのだ。また海老原は、外国人観光客や外国人労働者への対応など、「インバウンド・ニーズ」に対応できる人材も「グローバル人材」と呼ぶ誤解が生じているという。

このようにみると、政府や産業界が声高にさけぶ「グローバル人材」なるものが、いかに空虚な言葉であるかがわかる。政府や産業界のトップは「スーパー日本人」のようなグローバル人材像を掲げ、一方、産業界の現場ではその必要性をあまり感じず、またどのような人材要件を求めればよいかもわからない。とはいえ、好むと好まざるとにかかわらず、日本がグローバル化の波のなかにあるということを認識したうえで、大学教育にもやるべきことがあるはずだ。

検証なき英語教育改革

「グローバル人材＝英語ができる人」ではないことは、いうまでもない。しかし、少なくとも政策文書においては、「グローバル人材＝英語力」という図式が定式化している。前述の推進会議の「審議まとめ」でも、全体にわたって「英語教育の強化」がうたわれている。また、自民党の教育再生実行本部の「成長戦略に資するグローバル人材育成部会提言」（二〇一三年四月八日）では、「グローバル人材育成のための三本の矢」として、①英語教育の抜本的改革、②イノベーションを生む理数教育の刷新、③国家戦略としてのＩＣＴ教育、などがあげられている。①の目標のなかには、「高等学校段階において、ＴＯＥＦＬ iＢＴ四五点（英検二級）等以上を**全員が達成する**」（太字は筆者）との文言がある。また、これを達成するために、英語教師の採用条件として、「ＴＯＥＦＬ iＢＴ八〇点（英検準一級）程度以上等」の英語力があげられている。このような目標設定は、はたして妥当なのだろうか。

そこで、「教育振興基本計画」（以下「基本計画」）に示された英語教育に関する目標をみてみたい。

基本計画には、策定された年から一〇年間を通じて目指す教育の姿と、五年間に実施すべき教育政策の目標と施策が示されている。教育再生実行本部の提言の少しあとに発表された第二期の基本計画（二〇一三年度～一七年度）では、「グローバル人材関係」の成果指標として、次のような項目があげられている。

① 国際共通語としての英語力の向上

・学習指導要領に基づき達成される英語力の目標（**中学校卒業段階：英検三級程度以上、高等学校卒業段階：英検準二級程度～二級程度以上**）を達成した**中高校生の割合五〇％**（中略）

② 英語教員に求められる英語力の目標（**英検準一級、TOEFL iBT 八〇点、TOEIC 七三〇点程度以上**）を達成した英語教員の割合（**中学校：五〇％、高等学校：七五％**）（後略）

（太字は筆者）

では、これらの目標は、その後どれくらい達成できたのか。ちょうど第二期の基本計画と歩調をあわせるように、二〇一三年から、文科省は全国の公立小・中・高校を対象とした「英語教育実施状況調査」を開始している。中学生・高校生と英語教師の英語力についての推移（二〇一八年度まで）をみると、左図のようになる（図表9・図表10）。

「CEFR」とは「ヨーロッパ言語共通参照枠」（後述）のことで、二〇一六年の調査から英語教員の英語力を示すのに使われはじめ、一七年度からは生徒の英語力についても使われるようになっ

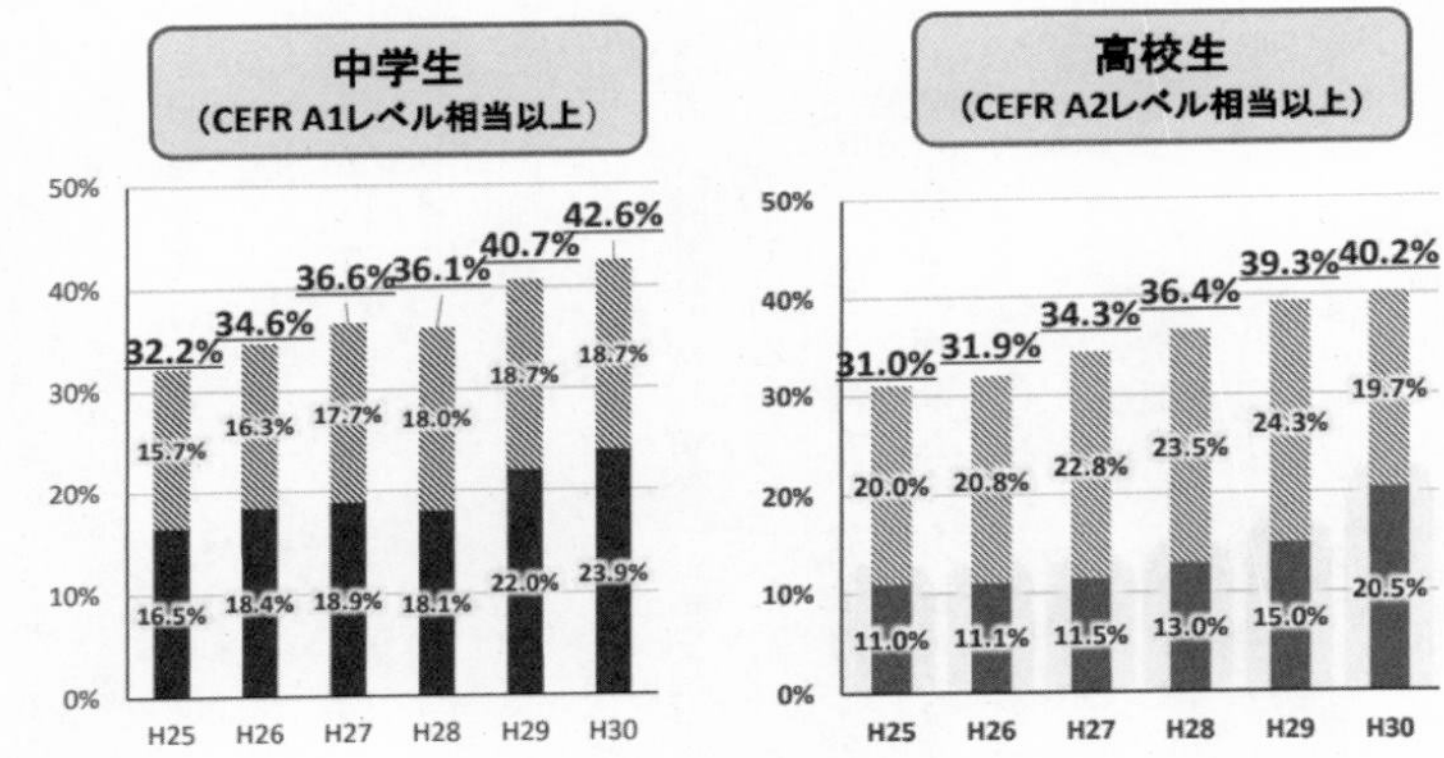

【全体】
CEFR A1 レベル相当以上を取得している生徒及び相当の英語力を有すると思われる生徒の割合
▨CEFR A1 レベル相当以上の英語力を有すると思われる生徒の割合
■ CEFR A1 レベル相当以上を取得している生徒の割合

【全体】
CEFR A2 レベル相当以上を取得している生徒及び相当の英語力を有すると思われる生徒の割合
▨CEFR A2 レベル相当以上の英語力を有すると思われる生徒の割合
■ CEFR A2 レベル相当以上を取得している生徒の割合

出典：2018 年度「英語教育実施状況調査」文科省ホームページ

図表９　中学生・高校生の英語力

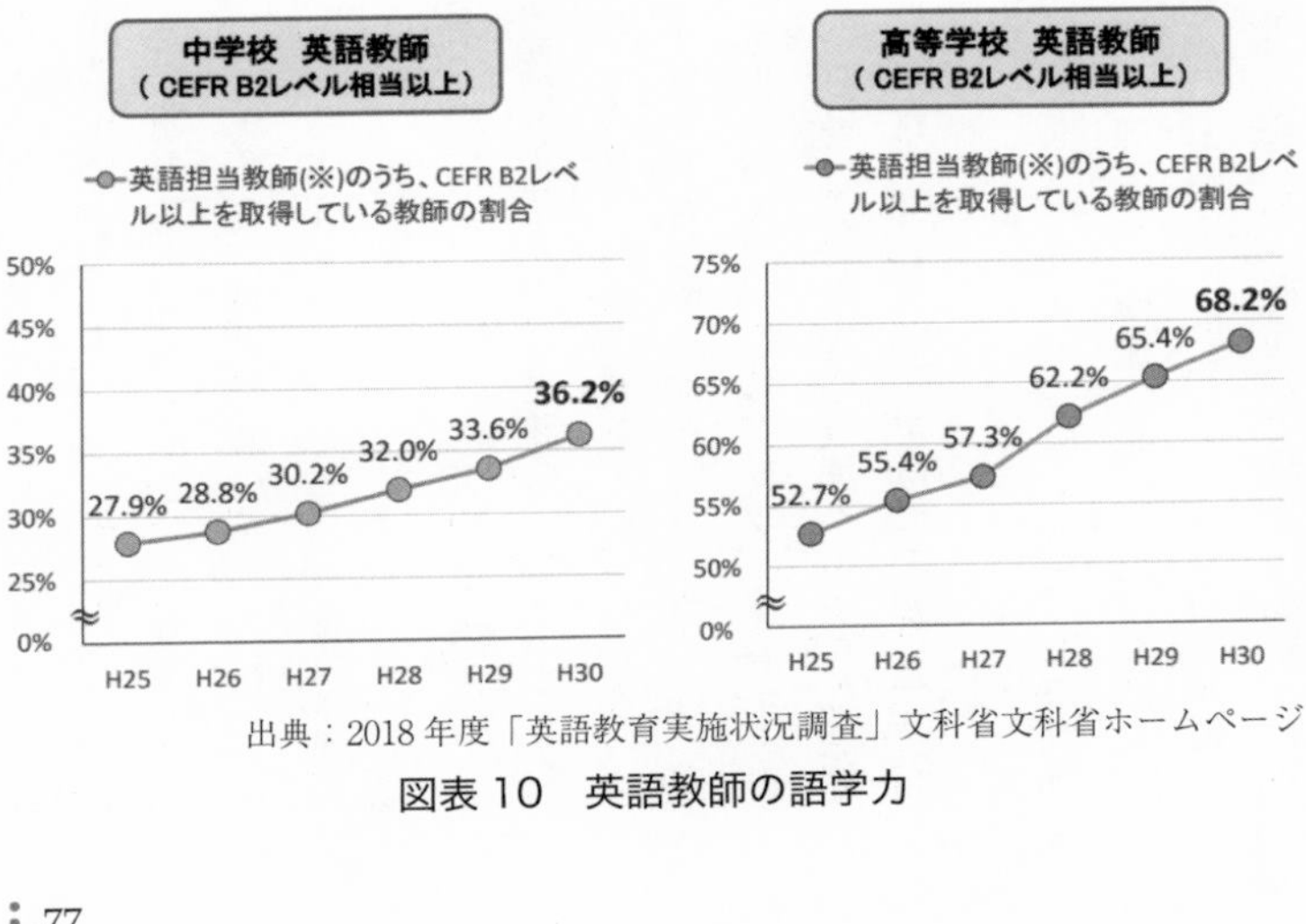

出典：2018 年度「英語教育実施状況調査」文科省文科省ホームページ

図表 10　英語教師の語学力

た。この調査では、「CEFR A1レベル＝英検三級」「CEFR A2レベル＝英検準二級」「CEFR B2レベル＝英検準一級」と対応させている。経年的にみると、中学生・高校生の英語力および英語教師の英語力は向上しているようにみえるが、第二期の基本計画に示された達成目標とはほど遠い。中学生・高校生の英語力については五年間で二〇％程度、英語教師の英語力については二〇％以上も向上させようという目標であるから、かなりハードルが高い。ここで注意が必要なのは、中学生・高校生の英語力については、英検の実際の「級」を反映したものではないということだ。調査報告書にも明記されているように、中学生は英検三級以上、高校生は英検準二級以上を「取得していないが、相当の英語力を有していると英語担当教員が判断する生徒の人数」をさす。つまり英語教師が、英検三級あるいは準二級だ、と判断すれば人数に反映されるという、かなり主観的な基準である。また、二〇一二年以降、都道府県別の分布も公表されるようになったから、他都道府県と比較されて、英語力を向上させろという命令が上からあれば、そのプレッシャーから現場の英語教師の判断基準が揺らぐことも考えられる。そうなれば、この調査が実態からさらに乖離したものとなる。こうみると、第二期の基本計画や教育再生実行本部の目標設定自体の妥当性が問われる。

では、このような文科省の目標設定は、その後、見直されたのだろうか。二〇〇一年、政策評価制度が導入され、「行政機関が行う政策の評価に関する法律」（評価法）が成立した（〇二年四月施行）。これは、各府省が政策の効果を把握・分析し、評価を行い、政策に反映させるものである。二〇一七年に「グローバル人材育成の推進に関する政策評価」が実施され、前述の中学生・高校生の英語力については、「伸びは緩やかで、目標達成は極めて困難」、英語教師の英語力についても「目標達成は極めて困難」と評価されている（総務省二〇一八）。これを受けて文科省は、「政策への反映状況」として、次のように回答している。

第三期教育振興基本計画（答申）においては、指標を精選する方針であったこと、また、**英語教育の最終的な目標は、生徒の英語力の向上であり、教師の英語力の向上はそのための手段であることから、英語教員の英語力に関する成果指標は設定しない**こととした。（同、太字は筆者）

なんという言い訳か。要は、目標達成がきわめて困難であるので、（目標を見直すどころか）せめて英語教師の英語力についてだけでも達成目標を取り下げておこう、ということだ。実際、第三期の基本計画（二〇一八年度～二二年度）では、英語教師の英語力に関する成果指標がすっぽりと抜け、中学生・高校生の英語力に関する成果指標のみが提示されている。これと同じ理屈で、もし大学が目標達成の困難さを理由に達成目標を取り下げたとしたら、はたして文科省は許してくれるのだろうか。

目標設定の妥当性もさることながら、それ以前に、多くの生徒が大学生になるまでに「英語嫌い」あるいは英語が苦手になっているという状況について考えるべきである。

二〇一一年度から全国の小学校で全面実施されている「外国語活動」を受けて、文科省はその実態について調査している。「小学校外国語活動実施状況調査」(一四年度)によると、「あなたは、英語が好きですか」という質問に対して、「好き」(「好き」+「どちらかといえば好き」)と答えた生徒は、小学校五・六年生で七〇・九%、中学一年生で六一・六%、中学二年生で五〇・三%だった(中学生は小学校で「外国語活動」を学んだ生徒が対象)。ところが、「きらい」「どちらかといえばきらい」をあわせれば、小学校五・六年生で一〇・九%、中学一年生で一八・四%、中学二年生で二七・〇%と、学年があがるごとに割合が大きくなっている。この背景には、小学校での「外国語活動」が「楽しく学ぶ」ものであるのに対して、中学校になると文法の学習やおぼえるべき語彙の増加などにより、「勉強する」という側面が強くなるためだと考えられる。ちなみに、新学習指導要領では、小学校五・六年生でおこなっている「外国語活動」が三・四年生におりてきて、五・六年生では「教科」として「外国語」(英語)を学ぶことになる。そうなると、「英語嫌い」が五・六年生で増える可能性もある。

同じ年に実施された、公立高校三年生を対象とした文科省の「英語力調査」では、「英語の学習は好きですか」という質問に対して、「そう思わない」「どちらかといえば、そう思わない」という回答をあわせると五八・三%になる。二〇一七年の同じ調査では、若干数値が改善されたものの、それでも五二・〇%という結果である。これが大学生になるとどうだろうか。さまざまな大学の調査によると、学生の約半数が英語に対する苦手意識をもっており、調査によっては六割かそれ以上が苦手意識をもっているとの結果もある。データを経年的にみても、小・中・高等学校、大学へと学年があがるにつれて、英語に対する苦手意識が増加する傾向がある。大学の場合、学生の英語に対する苦手意識は、すでに入学前に形成されていると考えられる。このような状況を分析して、対策を講じたうえで、今回の高大接続改革における英語教育改革が実施されるとは、とうてい考えられない。改革が、さらなる「英語嫌い」や英語が苦手な生徒・学生を大量に生むことになるのではないか。

「スピーキング」幻想

生徒・学生の英語に対する苦手意識が、学年を追うごとに高まっているという現状を分析することなく、政府・産業界ともに、日本人は「中高で六年間も英語を勉強しているのに英語ができない」と嘆く。ここでいう「英語ができない」とは、「英語がしゃべれない」と同義で使われることが多い。そして、その批判の矛先は、どういうわけか大学生の学力や大学教育にまで向けられる。もちろん、大学における英語教育にも改善が必要だが、その前に、小学校から高等学校にいたる英語教育のあり方について考えておく必要がある。

現在進行中の英語教育改革については、英語教育の専門家からも多くの批判がある（斎藤ほか二〇一六、阿部二〇一七、鳥飼二〇一八、南風原編二〇一八、久保田二〇一八）。批判の論点はさまざまだが、改革の前提に対する批判は重要である。

改革では、「英語四技能」という言葉がキーワードになっており、巷では塾や予備校などの受験産業が、「英語四技能対応」と銘打って受験生をあおっている。「英語四技能」とは「読む・聞く・

話す・書く」の四つをさすが、英語教育ではとりたてて新しいことではない。では、なぜいまさら新語のようにこの言葉を使うのか。そこには、「話す」技能（スピーキング）に対する誤解と幻想、大学入試への民間試験の導入という意図、などがあると考えられる。大学入試の英語試験をＴＯＥＦＬで代用しようと提言した、自民党教育再生実行本部の元本部長である遠藤利明議員は、以下のように述べている。

中学高校で六年間英語を学んだのに英語が使えない。コミュニケーションができない。（中略）**米国にＴＯＥＦＬというテストがある。聴く・話す・読む・書くを全部測れます。**（中略）私も副大臣や政務次官として国際会議に出ました。公式な会合は通訳がつきますが、大事なのはその前のあいさつから始まって、**夜のパーティーとか、みんなでわいわいやっている場での会話です。**それが次の会合に生きてくる。**でも悔しいことに英語で話せない。中高でも六年もやったのに。**そんな英語教育を直しましょうよ。（『朝日新聞』二〇一三年五月一日、太字は筆者）

遠藤議員のいう「英語でわいわい」の輪に入れないという感覚は、ある意味で日本人の「英語コンプレックス」を代弁しているようにもみえる。だから、この手の話は一般受けしやすい。しかし、その政策は明らかに筋が悪い。阿部公彦（二〇一七）がいうように、遠藤の意見にはパーティーのようなインフォーマルな場での会話が念頭にあり、「英語でわいわいやれない」＝「英語がしゃべれない」＝「英語をしゃべる訓練が足りない」という論理になる。したがって、日本人が英語をしゃべれるように教育しなければならない、という目標が立てられる。とはいえ、現行の大学入試センター試験では、「話す」能力を測ることができない。リスニングテストの導入でさえ大変だったのに、スピーキングテストをあらたに導入するのは手間とコストがかかりすぎる。そこで、英検やTOEFL、TOEICをはじめとした民間試験を導入すればよいではないか、という結論にいたったといえる。つまり、政府が「英語四技能」と声高にさけぶのは、「話す」技能を重視し、それを測るための民間試験を導入するためであり、「話す」以外の三技能は、極端にいえば、「話す」技能を引き立てるための脇役に過ぎない、ということになる。

では、なぜ日本人は英語をしゃべれないのか。阿部（二〇一七）は、「『英語ができない』という問題をすぐ『英語がしゃべれない』という話にすり替えたがる」傾向に疑問を投げかけ、そもそも「英語がしゃべれる」という能力を個別に抽出することなどできないという。そして、英語がしゃべれないという場合、三つの要素が関わっているという。すなわち、リスニング能力の欠如、関心の欠如、知識の欠如、である。リスニングができなければ会話が成り立たないし、相手や話題に対する関心がなければ会話がはじまらない。また、話題についての知識がなければ、当然、会話にも加われない。そう考えれば、「抽象的な『英語をしゃべる能力』などを目標としても、実際には何もできるようにはならない」（阿部二〇一七）し、「英語をしゃべる訓練」だけをしても意味がない、ということになる。また、英語を話すことを支えているのは文法や語彙であり、いわゆる四技能は相互に密接に関係しているはずだ。

一般に誤解されていることだが、阿部も指摘するように、英語において「インフォーマルな会話ほど難易度の高いものはない」（阿部二〇一七）。それができないことを英語教育の責任にし、入試制度を変えれば英語がしゃべれるようになるというのは、まったくおかしな発想である。巷には、「雑談力」をキーワードにした本があふれているが、日本語でも雑談ができない人間が、英語で雑談ができるわけがないのである。

英語学習への動機づけが低いワケ

政府や産業界は、「英語がしゃべれない＝英語ができない」という図式を暗黙の前提として、英語教育を批判する。しかし、英語教育を強化し、入試制度を変えれば、日本人は英語がしゃべれるようになるのか。そう簡単な問題ではない。

日本人の英語力が上達しない理由のひとつは、英語を学ぶ理由や動機づけがあまりないからである。それは、日本の翻訳文化とも関係がある。江戸時代、幕府が「蛮書和解御用」（のちの東京大学の起源のひとつ）にはじまる洋書の翻訳部局を設置したことにより、日本は西洋文化を吸収していった。これが、幕末から明治にかけての翻訳大国日本の基礎をつくった。われわれが日常で何気なく使っている「自由」「権利」「社会」をはじめ多くの言葉は、明治時代に外来語を日本語に翻訳したものである。それ以来、日本の学問は欧米の学問の翻訳を重要なプロセスとして発展してきた。その結果、英語やその他の言語を学ばなくても、日本語で欧米の学問を学ぶことができるのである。

つまり、必要以上に英語を学ぶという動機づけが低い。筆者は長く国際交流業務に関わった経験があるが、留学に行きたがらない学生にもインタビューしたことがある。学生たちが異口同音にいうのは、「海外旅行なら行きたいが、留学まではしたくない。安心・安全な日本が一番心地よい」「英語はしゃべれるようになりたいが、英語がしゃべれなくても、現状で不便しているわけではない」というものだった。これでは、英語学習の動機づけが高まらないわけである。

アジア諸国をみると、(すべてというわけではないが) 高度な学問を勉強しようとすれば、英語を学ぶ必要がある。学問上の専門用語を自国語に逐一翻訳する労力を考えれば、英語で学ぶほうが効率的かつ合理的である。そのため、キャリアに有利に働く学歴を得る大学で学ぼうとすれば、当然、英語力が必要になる。さらに、職業選択の幅を広げようとすれば、英語圏への留学が有利に働く。韓国でも、大学生のあいだでは、短期間であれ (特に英語圏に) 留学することがあたりまえのようになりつつあるし、一流企業に就職するためにはＴＯＥＩＣの高得点が求められる。そうなると、小学校から英語学習熱が広がるようになる。この英語学習熱は病的なところまでいきつき、かつてＬとＲの発音がうまくできるようにと、子どもの舌小帯 (下あごと舌をつなぐ筋) を一センチほど切る手術まで流行したことがある。しかし、その後、この手術が日常のコミュニケーションに支障をきたすとの研究が発表され、流行は下火になった。

英語学習についての動機づけが国によって異なることは、ＴＯＥＦＬのスコアにもあらわれると考えられる。ＴＯＥＦＬテストを作成するＥＴＳ (Educational Testing Service) は、毎年、テストのスコアデータを公表している。それによると、アジア諸国からみても日本のスコアは低い。しかし、国別の受験者数がわからないし、国によって受験者の特性は異なるはずである。前述のような背景を考えると、TOEFLのスコアだけをとりあげて、単純に「日本人の英語力は低い」「日本の英語教育はけしからん」などとは批判できない。動機づけが高い受験者が多く受験する国もあれば、そうではない国もあるだろう。

TOEFLテスト日本事務局のホームページには、データに示されている平均スコアは、受験者が自分と同じ母語・同じ出身国の他の受験者との比較をするためのもので、「国別のランキングを作ることはデータの誤った使用であり、テストを作成しているETSはそれを認めていません」と注意書きをしている。しかし、毎年、ご丁寧に国別ランキングを作成してインターネットに公表し、「日本人の英語力は悲惨だ」と強調する人は後を絶たない。

理念なき英語入試改革

前述のように、「英語ができない＝英語がしゃべれない」という「スピーキング」幻想のもと、日本人が英語を「ペラペラにしゃべれる」ように教育するという「ペラペラな」（薄っぺらな）発想が、大学入試の英語テストにおける民間試験の導入に結びついた。二〇二〇年度から、現行の大学入試センター試験（以下「センター試験」）は「大学入学共通テスト」（以下「共通テスト」）という名称で実施される。当初、二三年度までは、大学入試センターが作成した英語の問題と民間試験が併用され、二四年度以降は英語の評価は民間試験のみになる予定であった。しかし、受験生の居住地や家庭の経済状況によって、民間試験の受験機会に不公平が生じるとの懸念に対して、萩生田光一文科大臣は、「身の丈に合わせてがんばってほしい」と発言した。この発言が、教育格差を容認するものとして世間から批判され、結果的には、民間試験の導入を二四年まで延期することになった。

民間試験の導入については、さまざまな批判があり、そのポイントは大きく二つある。ひとつは、公平性・公正性に関わる問題であり、もうひとつは、民間試験と高校の英語教育との整合性の問題である。前者は、さらにいくつかの問題に分解することができるが、何よりも民間試験の導入に関する検討段階で、露骨な誘導が行われていたという問題がある。二〇一四年一一月、文科省は「英語力評価及び入学者選抜における英語の資格・検定試験の活用促進に関する連絡協議会」（以下「協議会」）を設置した。その委員には、民間試験を運営する七団体の関係者が名前を連ねている。民間試験の導入やその方法について最終決定していない段階で、このように利害関係者が協議会に関われば、関係者が民間試験の導入を推進するのはあたりまえのことである（阿部二〇一七）。つまり、民間試験を導入することが先にありきの会議であったと考えられる。一八年三月、文科省は、センター試験にかわる共通テストに活用する資格・検定試験（民間試験）を発表した。そのリストには、予定調和的に、協議会に委員として参加した七団体（ケンブリッジ英検、英検、GTEC、IELTS、TEAP、TOEFL、TOEIC）があげられている。

公平性・公正性に関しては、民間試験の種類によって約六〇〇〇円から二万五〇〇〇円以上までの幅で、共通テストの受験生が検定料を負担しなければならないという問題がある。また、受験生の居住地によっては、受験機会に不公平が生じるという問題もある。さらに、スピーキングについては民間試験によって採点方法が異なるし、リスニング能力と違ってスピーキング能力は、数値として測定するのになじまないものである（阿部二〇一七、鳥飼二〇一八、南風原編二〇一八）。以前から、「日本人は英語をしゃべるとき、文法を気にするあまり思い切ってしゃべるのを躊躇する傾向がある」と、英語教育にたずさわる人々から指摘されてきた。しかし、スピーキングのテストが導入されると、受験生に「間違えてもいいから思い切ってしゃべろう」などとはいえなくなるし、受験生も正確に話そうとして、なおさらしゃべるのを躊躇してしまうだろう。さらに、公平性・公正性に関しては、民間試験のうち三試験で、実施団体が参考書を出版しており、「利益相反」にあたるとして疑問視する声もあがっている（毎日新聞、二〇一九年六月八日）。実際、対策本というのは、出題予想を的中させることに意義があるから、それを実施団体が出版するということは、試験問題の事前公表（あるいは漏洩）と変わらないことになる。大学入試センターがセンター入試の対策本を出版する状況を想像してみればわかるだろう。

さて、民間試験と高校の英語教育との整合性の問題については、民間試験の目的がそれぞれに異なることがあげられる（阿部二〇一七、鳥飼二〇一八）。たとえば、ＴＯＥＦＬは北米の大学・大学院に留学するためのアカデミックな英語力、ＩＥＬＴＳは英語圏への留学や移民に必要な英語力、ＴＯＥＩＣはビジネスに使える英語力、などを測定する。センター試験の英語問題は、あくまでも学習指導要領に準拠したものだった。ところが、これだけ多様な目的と内容をもつ民間試験が、少なくともセンター試験の代替案として妥当なのかは、かなり疑問である。また高校では、学習指導要領に準拠した授業をするとともに、生徒の受験ニーズに対応するため、民間試験の対策もすることになり、いわば「二重帳簿」のような英語教育をすることになる。そうなれば、結局、民間試験対策の比重が大きくなるのは明白であり、学習指導要領は形骸化することになる。これでは、何のための学習指導要領改訂だったのかと疑いたくなる。

文科省は、多様な目的と内容をもつ民間試験を念頭において、それらの難易度やレベルを比較対照するために「ヨーロッパ言語共通参照枠」をもちだした。これは欧州協議会が開発した外国語の能力レベルをあらわすもので、「ＣＥＦＲ」（セファール）と呼ばれる。レベルは「基礎段階の言語使用者」（Ａ１・Ａ２）、「自律した言語使用者」（Ｂ１・Ｂ２）、そして「熟達した言語使用者」（Ｃ１・Ｃ２）までの六レベルに分かれている。それぞれのレベルには、「〜することができる」という「能力記述文」（Can-do）が示されている。

文科省は、ＣＥＦＲと民間試験のスコアとの対応表を作成しているが、鳥飼玖美子（二〇一八）によると、このような使い方はＣＥＦＲの趣旨から逸脱しているという。もともと、ＣＥＦＲの背景にあるのは「複言語主義」の思想で、「母語以外の言語を二つ学ぶことで個人の中で複数の言語と文化が相互に影響し合い新たなコミュニケーション能力が培われていくことを目指すもの」（鳥飼二〇一八）だった。また、レベル分けもおおまかなものであり、民間試験のように一点刻みで測定されるようなものと対応するはずもない。さらに、Can-doという能力記述文も、本来、「評価尺度」にすぎず、それがあたかも「到達目標」のように読みかえられ、ひとり歩きしているという。まさに前章でふれた、外国のものがよくみえてしまう「船来病」の症状であり、模倣と誤解を繰り返す文科省の習慣病である。

ＣＥＦＲと民間試験の対応表については、その妥当性に疑問があるし、十分に検証されたものとは考えられない（南風原編二〇一八）。英語入試改革では、民間試験導入が先にありきで、民間試験どうしの位置づけを明らかにするためにＣＥＦＲが導入されたものの、それが受験生や教育現場にさらなる混乱をまねくことが予想される。また、英語教育が実質上の民間試験対策になる可能性があり、学習指導要領との整合性がとれなくなる。結局、「四技能特需」で得をするのは、民間試験団体、対策本を出版する出版社、そして受験産業だけだろう。

「韓流マダム」に学ぶ

前述のように、「英語嫌い」や英語に苦手意識をもつ生徒・学生が量産されている現実を考えると、英語教育に責任がないわけではない。これまでさまざまな大学生に接し、その声を聞いてきたが、彼らが異口同音にいうのは、「学校で習うような英語は嫌いだが、英語ができるようにはなりたい」というものだ。では「学校で習うような英語」とは何かというと、その内実は文法の知識であるらしい。英語の文型、語順、冠詞、時制などは、日本語と根本的に異なる部分があるだけに、教師も正確さを期してくわしく教えるうちに、生徒のほうがいやになる、というのは理解できる。

しかし、「英語ができるようにはなりたい」というのなら、インターネットにあふれるコンテンツだけでも、かなりのことが学べるはずである。多くの大学生がそれにさえも手をださないというのは、英語を学ぶ動機づけがないからである。このような状況のなかで、「英語がしゃべれる日本人になろう」と生徒・学生を追い立てても、あまり効果はない。

そこで、直接的な解決法にはならないが、外国語学習の動機づけについてのヒントとして、「韓流マダム」に注目したい。「韓流」とは、韓国ドラマ『冬のソナタ』の日本での放送（二〇〇四年）を契機に起こった、韓国のドラマ・映画・音楽などに関する流行現象である。筆者は、韓国の宗教文化や韓国の大学・企業の経営についても研究していることから、韓国をたびたび訪問するが、ここ一五年、韓国の大衆文化を愛する中高年女性「韓流マダム」の語学力の向上と行動力には驚かされている。政治上の日韓関係の悪化をよそに、民間レベルの日韓交流は一貫して良好である。韓流マダムたちは、韓流をきっかけにスターやアイドルのファンミーティングやコンサートに足しげく通い、そのうちに語学力を向上させるとともに、もともとは苦手だったスマホやコンピュータなども器用にこなすようになった。さらに、現地のファンとも交流の輪を広げている。

韓流マダムをヒントに、筆者は「学び」全般について考えるための枠組として、「T－MASKモデル」（図表11）というものを提案する。「M」（mind set）は「マインドセット」をさす。マインドセットとは、「思考のクセ」と「心の習慣」で、個人の経験や教育を通して形成される。「A」（action）は行動、「S」（skills）は技能、そして「K」（knowledge）は知識をさす。この四つは密接に関係し、これらを支えるのが「T」（think）の思考である。

韓流マダムの場合、マインドセットに含まれる興味・関心が行動に結びつき、それが韓国語の知識・技能に結びついたといえる。当然、これらのプロセスには、どうすればもっと楽しめるのか、あるいはもっと効率的に韓国語を学ぶ方法はないのか、などという思考が含まれる。また、韓国語

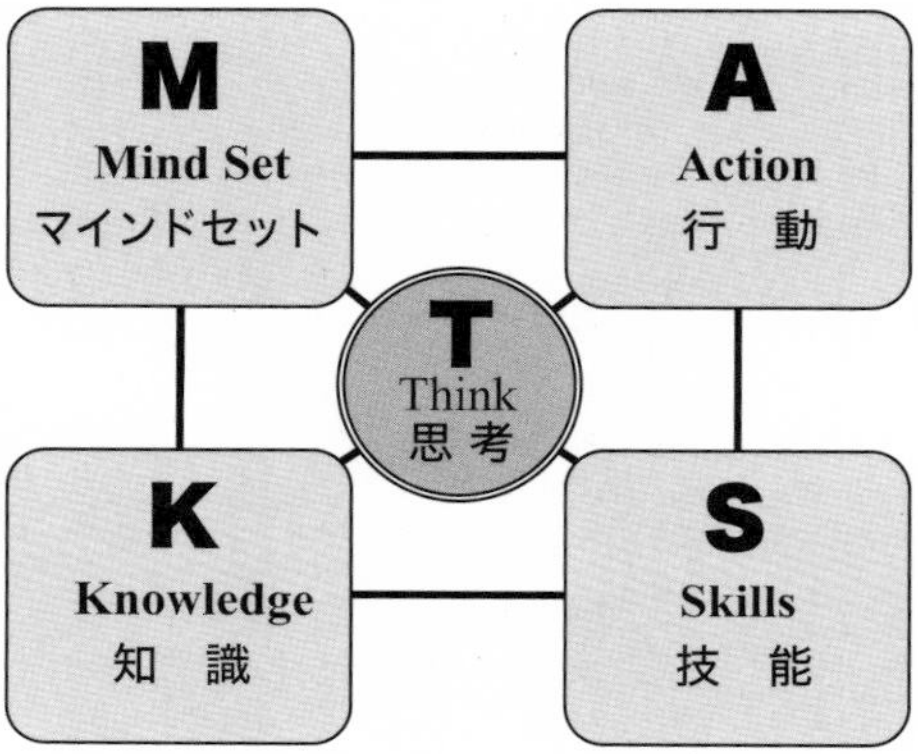

図表 11　T-MASK モデル

の知識・技能が身につけば達成感や自信につながり、マインドセットに影響をおよぼす。さらに、それがさらなる行動につながる。

　韓国語学習と英語学習の違いや、韓流マダムと生徒・学生がおかれている状況の違いはあるが、ＭＡＳＫのどの部分を刺激して、全体の力を高めるのかについては考える価値がある。前述の英語教育改革は、技能の部分を重視するあまり、文法学習で英語嫌いになる生徒・学生のように、マインドセットを萎えさせてしまう。したがって、興味・関心を含めたマインドセット、行動、知識と技能をどうバランスよく結びつけていくかが重要になるだろう。

　これを、大学における英語教育に置き換えて考えてみよう。前述のように、英語学習に対する動機づけがないのなら、いくら「これからは英語力が必要とされる」とプレッシャーをかけても、何も変わらない。いくつかの大学が導入している海外留学の必修化は、無理やり行動（異文化体験）させ、マインドセットを変えようという方策である。しかし、この場合、やり方を工夫しないと逆効果になる。たとえば、大学から紹介された留学先に行ってみると、まわりがみんな同じ大学の学生で、結局、教室が海外に移動しただけで異文化体験をした気分にならなかった、という学生の声も聞く。また、マインドセットを変えるために、英語の授業だけではなく、他の授業とも連携して異文化に対する学生の興味・関心を高める方法も考えられる。

越境する力

さて、もう一度、グローバル人材に話をもどそう。政府や産業界が求めるグローバル人材とは、「グローバル人材＝英語力」という図式を基本として、多様な能力を身につけた「スーパー日本人」のことであった。グローバル人材の議論では、求められる能力を細かく分解するから話が複雑になり、その人材育成がなおさら困難にみえてくる。そこで、T－MASKモデルのように、シンプルに考えてみてはどうだろうか。

グローバル人材の議論は、「英語ができる＝英語がしゃべれる」という前提のもとに、スピーキング技能に重点をおいているようにみえる。つまり、T－MASKモデルのS（技能）の部分である。しかし、寺沢拓敬（二〇一五）が指摘するように、仕事で英語を日常的に使う人の割合は減少傾向にある。日本版総合的社会調査（大阪商業大学JGSS研究センター）のデータによると、過去一年間に英語を読んだり、聴いたり、話したりしたことが少しでもあるか、という質問に対して、仕事での英語使用者の割合は、二〇〇六年に二一・〇%だったものが二〇一〇年には一六・三%に減少している。もちろん、この背景には、二〇〇八年のリーマンショックの影響もあると考えられるが、「過去一年間に少しでも」英語にふれたならばカウントされるから、日常的に英語を使用する人の割合はもっと低いはずである。これは、グローバル人材としてイメージされている人間は、多く見積もっても一万人程度であるという、前述の海老原（二〇一六）の指摘とも重なりあう。

英語力があっても、世界を相手に仕事ができないという例はいくらでもある。筆者も、TOEICで高いスコアをもつ教職員が、実際の海外との交渉においてはほとんど役に立たなかった、という例をいくつも知っている。逆に、テレビや雑誌等では、片言の英語だけで世界を相手に仕事をしている人が多く紹介されている。このような人々は、T-MASKモデルでいえば、世界に出ようというマインドセットが行動を誘発し、その行動が知識や技能との相乗効果を生んでいるパターンだといえる。もちろん、英語力の重要性を否定するわけではないが、政府や産業界の見解にみられるような「スピーキング」幻想にまどわされるうちに、重要な事柄が見過ごされるのではないだろうか。

久保田竜子（二〇一八）は、海外駐在員を対象とした調査から、異文化におけるコミュニケーションでは、文法や語彙の正確さや会話の流暢さではなく、伝えようとする意志が重要であることを指摘する。そして、「ジェスチャーを使う、指さす、ことばを紙に書く、伝えたい内容を絵や図に描く、わかりやすいことばに言い換える、ゆっくり言う、繰り返す、漢字圏では筆談する（漢字を書く）」（久保田二〇一八）などの「コミュニケーション・ストラテジー」がコミュニケーション能力を支える。さらには、「積極的に関わり合おうとする意欲とともに、根気よく伝え合おうとする努力」（同）が必要であるという。久保田は、異文化におけるコミュニケーション能力と態度を「越境コミュニケーションの資質」（同）としてまとめている。そして、「英語力は越境コミュニケーションを成り立たせる能力の一部に過ぎず、英語力だけが成功をもたらすとは言えない」（同）という。

久保田の指摘を参考にして考えると、政府や産業界がいうグローバル人材をシンプルにいえば、「越境する力」をもった人材といえる。つまり、「心の壁・文化の壁・言語の壁」を越えて活躍できる人材である。T－MASKモデルでいえば、かならずしも英語力という技能がなくても、それ以外のマインドセット、知識、行動力などがあいまって、「越境する力」が形成される。筆者は、政府や産業界がイメージするグローバル人材には賛同しないが、「いつでも・どこでも・だれとでも」仕事ができるような人材を、T－MASKモデルを念頭に大学で育成することは重要であると考える。

そのためにも、「グローバル人材＝英語力」を暗黙の前提として、英語力をやみくもに強調するような教育のありかたには賛同できない。中島義道（二〇一六）は、「英語コンプレックス」の解消について、次のようにいう。

いまや、どんな貧乏人でも、スパゲッティをフォークでくるくる回して食べるし、どんな下層階級の人でもナイフとフォークを巧みにこなして、ステーキを食べる。これが、ポイントである。英語も、コーヒーの飲み方やナイフとフォークの使い方程度に考えれば、コンプレック

スは解消するのである。(中島二〇一六)

マインドセットと行動力を鍛えながらも、中島がいうように、肩肘張らずに英語とつきあうことができれば、回り道ながら、「越境する力」はかならず身につくと考える。

第三章　もうすぐ絶滅するという文系学部について

文系学部は死なない

この章のタイトルは、いうまでもなくエーコとカリエールの『もうすぐ絶滅するという紙の書物について』（エーコ／カリエール二〇一〇）をもじったものである。この本は、電子書籍やインターネットの普及を目の当たりにして、エーコとカリエールが「紙の」書物に対する愛情あふれる熱き対談を繰り広げているものである。最初の章は、いきなり「本は死なない」というタイトルになっている。これにならえば、「文系学部は死なない」ということになる。

二〇一五年、ある文科省通知が発端となって、「文系学部廃止論」なるものが世間を騒がせた。その議論自体は沈静化したものの、「文系学部は役に立たない」という発想は、政府や産業界の発言の根底に流れているようにみえる。「文系学部廃止論」は、序章で論じた、「大学は役に立たない」という大学無用論の一部をなす。いうまでもなく学問に優劣はないし、特定の学問が「役に立つ／役に立たない」という議論自体が不毛である。しかし、「役に立つ／役に立たない」という視点が、政府や産業界にはじまって国民のなかにまで広がっている。さらに、その影響を受けて、学生までもが同じような基準でものごとをみるようになっている。この背景には、「役に立つ＝もうけになる／役に立たない＝もうけにならない」という図式があるといえる。

そこで本章では、「文系学部廃止論」や同じ時期に話題になった「G型大学・L型大学」論を簡単にふりかえるとともに、特定の学問が「役に立つ／役に立たない」という不毛な議論に終止符を打ちたい。また、「文系・理系」という分類の不毛さについても論じる。

「文系学部廃止論」の顛末

いわゆる「文系学部廃止論」については、すでに吉見俊哉（二〇一六）がメディア論の視点から詳細に分析しているので、ここでは事の顛末を簡単に紹介しておく。

二〇一五年六月八日、文科省は「国立大学法人等の組織及び業務全般の見直しについて」という通知（以下「六八通知」）を出した。問題となった文言は、以下の部分である。

「ミッションの再定義」で明らかにされた各大学の強み・特色・社会的役割を踏まえた速やかな組織改革に努めることとする。

特に教員養成系学部・大学院、人文社会科学系学部・大学院については、一八歳人口の減少や人材需要、教育研究水準の確保、国立大学としての役割等を踏まえた組織見直し計画を策定し、**組織の廃止や社会的要請の高い分野への転換に積極的に取り組むよう努める**こととする。

（太字は筆者）

これを受けて、同日の日経新聞は「教員養成系など学部廃止を要請　文科相、国立大学に」という見出しの記事を掲載した。ここでは、「廃止」というキーワードがクローズアップされた。これ以降、さまざまなメディアが「文系学部廃止」について取り上げ、その知らせは海外にも伝わり、「日本政府は大学の文系学部を廃止しようとしている」と報道されるまでになった。また、六八通知の背景には、産業界の意向や安倍晋三政権における成長戦略の一環としての理系重視がある、との論調も登場した。

一連の報道を受けて、文科省に対する批判が高まり、日本学術会議幹事会は「これからの大学のあり方――特に教員養成・人文社会科学系のあり方――に関する議論に寄せて」（二〇一五年七月二三日）という声明を出したのをはじめとして、経団連までもが声明を出す事態になった。そこでは、左記のような内容が述べられている。

今回の通知は即戦力を有する人材を求める産業界の意向を受けたものであるとの見方があるが、産業界の求める人材像は、その対極にある。かねてより経団連は、数次にわたる提言において、理系・文系を問わず、基礎的な体力、公徳心に加え、幅広い教養、課題発見・解決力、外国語によるコミュニケーション能力、自らの考えや意見を論理的に発信する力などは欠くこ

とができないと訴えている。（中略）また、地球的規模の課題を分野横断型の発想で解決できる人材が求められていることから、理工系専攻であっても、人文社会科学を含む幅広い分野の科目を学ぶことや、人文社会科学系専攻であっても、先端技術に深い関心を持ち、理数系の基礎的知識を身につけることも必要である。（経団連「国立大学改革に関する考え方」二〇一五年九月九日、太字は筆者）

その後も「文系学部廃止」に関する議論は広がりをみせ、筆者が知るだけでも、各雑誌は相次いで以下のような特集を組んだ。

「大学の終焉――人文学の消滅」『現代思想』二〇一五年一一月号
「『文学部不要論』を論破する」『文學界』二〇一五年一二月号
「国立大学文系不要論を斬る」『中央公論』二〇一六年二月号

この他にも、一般にはあまり目にふれる機会が少ないが、「文系の危機」『IDE現代の高等教育』（IDE大学協会誌、二〇一五年一一月号）や「文学部廃止？――文科省通知騒動と国立大学改革のその後」『大学出版』（大学出版部協会、二〇一六年四月号）などの特集がある。

さて、六八通知が突然出されたかというと、実はそうではない。通知が出される少し前の五月二七日に開催された国立大学法人評価委員会（第五一回）では、配布資料のなかに、六八通知とまったく同じ文言が登場している。このことは、新聞等のメディアでも報道されているが、この段階では、まだ「廃止」という言葉が強調されていなかった。

通知に登場する「ミッションの再定義」というのは、各大学の強み・特色・社会的役割を整理したもので、「大学改革実行プラン～社会の変革のエンジンとなる大学づくり～」（文科省、二〇一二年六月）で示された方針のひとつである。その後、二〇一四年八月四日に開催された国立大学法人評価委員会（第四八回）で提出された資料では、「『ミッションの再定義』を踏まえた組織改革」のひとつとして、すでに「教員養成系、人文社会科学系は、組織の廃止や社会的要請の高い分野への転換」という項目があげられている。その翌月には、この内容は各国立大学に提示されていた。吉見（二〇一六）によると、この段階で東京新聞は、「国立大から文系消える？　文科省が改革案を通達」（二〇一四年九月二日）との報道をしているが、他の新聞社や大学からも大きな反応はみられなかったという。

このように、六八通知の内容は、少なくとも前年には明確な文言として登場しているにもかかわらず、一年経ってから急に「炎上」することになった。吉見が分析するように、この背景には、安倍政権批判があると考えられる。六八通知が出された時期は、前年に集団的自衛権に関する閣議決定がされ、一五年の九月一七日の安全保障関連法案の強行採決にむかっていった時期である。また、当時の下村博文文科大臣が、国立大学に入学・卒業式での「日の丸」掲揚と「君が代」斉唱を要請していた。さらに、新国立競技場建設にともなう多額の建設費が問題となり、文科省や事業主体である日本スポーツ振興センターの不手際が明らかになったのも同じ時期である。このような状況を受けて、政府や文科省に対する不信感がひろがる雰囲気のなかで、六八通知があらためてクローズアップされた。吉見がいうように、マスコミが安倍政権批判と六八通知をつなげ、通知にいたるプロセスを検証しないままセンセーショナルな報道をした結果、「文系学部廃止論」が増幅されたといえる。

すりかえられた論点

六八通知をめぐる一連の騒ぎで、あまりの反応の大きさに文科省は驚き、（おそらく苦しまぎれに）日本語の表現が適切ではなかったと弁明した。当時の下村文科大臣は、記者会見（二〇一五年九月一一日）で六八通知について、以下のような意味の説明をした。すなわち、自分が一字一句チェックしてＯＫを出しているわけではないが、文言そのものが誤解をあたえる表現であったことは認める。もともとの趣旨は、教員養成系学部のなかでも、いわゆる「ゼロ免課程」（教員免許の取得が義務づけられていない課程）の廃止を意味し、人文科学系学部の廃止をさしているわけではない、という。大学界からは、通知の表現に問題があったのならば、一度それを撤回したのちに、再度、通知しなおせばよいのではないか、との批判もよせられた。しかし、文科省は撤回しないという方針を明らかにした。

当時、文科大臣補佐官だった鈴木寛（二〇一五）は、「『大学に文系は要らない』は本当か？　下村大臣通達に対する誤解を解く」というコラムで、六八通知に対する社会の反応をみて、文科省の担当者を呼び、次のようにいったという。

このような表現をすれば、粗探し、揚げ足取り、曲解報道が常の一部のマスコミにまんまとハメられるのは当たり前、このようなマスコミの対応にまで思いがいたらなかったことは、コミュニケーターとして、もっと勉強が必要だと注意しました。その点は、率直に反省すべきだと思いますし、文部科学省の組織としてのコミュニケーションについての洞察、文章チェック力も組織として見直すべきだと思います。

つまり、鈴木が文科官僚にいいたかったのは、「マスコミにつつかれないように、うまく書けよ」ということである。このあとの文章で鈴木は、文科省に文系軽視・文系廃止の考えはないと強調しているが、六八通知の問題を日本語能力の問題にすりかえている点では、「下村大臣通達に対する誤解を解く」ことにはなっていない。

さらに、下村大臣のあとを継いで二〇一五年一〇月に就任し、高校の国語教師の経歴もある馳浩文科大臣は、記者会見（一〇月九日）のなかで、六八通知について「国語力の問題だと思います。要は単文と複文とをごっちゃにして書くとああいう文章になるのです。私が国語の教員だったとしたら、あの文章には三二点ぐらいしかつけられないですね」と答えている。鈴木と馳の発言のニュアンスは違うが、いずれも六八通知の問題の本質を文科官僚の日本語能力の問題にすりかえ、苦言を呈するふりをしながらも、出来の悪い部下をかばうような表現になっている。

通知に誤解をまねくような表現があったと認めるのなら、通知自体を撤回し、適切な表現で通知を出しなおすべきである。文科省がそのことを拒否していることは、やはり批判されてもしかたがない。また、百歩ゆずって、誤解をまねいた原因が日本語表現にあったとしたら、文科省に対する別の批判もできる。つまり、規制力を持ちうる重要な文書の内容が国内外に大きな誤解をまねき、その原因が文科官僚の日本語能力にあったとすれば、これは大問題である。教育をつかさどる文科省の官僚に日本語能力がないとすれば、教育政策自体の信頼性を著しく失墜させることになる。文科省は、本当にそのように批判されてもよいのか。そうでなければ、論点を日本語の問題にすりかえられたうえに、身内から日本語能力をバカにされた文科官僚は、もっと怒るべきである。

六八通知には、日本語表現の問題もあったにせよ、やはりその背景には、理系重視・文系軽視の傾向があるようにみえる。官僚には、適切な状況判断にもとづいた的確な文章表現が求められる。鈴木がいう「一部のマスコミにまんまとハメられる」ことのないようにして、注意深く言葉を選ぶとすれば、吉見が提案した以下のような文言なら、内容的には同じながら、「未来志向のポジティブな要請」として世間に受け入れられていたかもしれない。

国立大学は未来に向けて果たすべき役割等を考えた組織見直し計画を策定し、旧組織の廃止を含む抜本的刷新や社会的期待をリードする分野への転換に積極的に取り組む。（吉見二〇一六）

「G型大学・L型大学」論の波紋

六八通知のもととなる文書が国立大学に提示された二〇一四年の秋、もうひとつの文書が物議をかもした。コンサルタントで経営共創基盤CEOの冨山和彦が文科省の「実践的な職業教育を行う新たな高等教育機関の制度化に関する有識者会議」（以下「有識者会議」、二〇一四年一〇月七日）で提出した、資料「我が国の産業構造と労働市場のパラダイムシフトからみる高等教育機関の今後の方向性」（冨山二〇一四b）である。そこに示されていたのは、「G型大学」と「L型大学」という分類である。

冨山によると、G型大学はごく一部のトップ大学・学部をさし、「グローバルで通用する極めて高度なプロフェッショナル人材」を育成する。これに対してL型大学は、「生産性向上に資するスキル保持者」を職業訓練によって育成し、G型大学以外の大学・学部がこれに含まれる。そして、L型大学は「新たな高等教育機関」（のちに「専門職大学・短大」と呼ばれる）に吸収されるべきであるという。つまり、ほんの一部のトップ大学・学部以外は、地域経済の生産性向上に資する職業訓練をしろ、というわけである。さらに冨山は、L型大学で学ぶべき内容として、次頁の図のような例示をしている。

このような提言に対して、当然のごとく、インターネットを中心に賛否両論がわきおこった。賛成の意見としては、序章で論じた大学過剰論や大学無用論の立場にたって、高等教育機関としての

文学・英文学部	シェイクスピア、文学概論	ではなく	観光業で必要となる英語、地元の歴史・文化の名所説明力
経済・経営学部	マイケル・ポーター、戦略論	ではなく	簿記・会計、弥生会計ソフトの使い方
法学部	憲法・刑法	ではなく	道路交通法、大型第二種免許・大型特殊第二種免許の取得
工学部	機械力学・流体力学	ではなく	TOYOTA で使われている最新鋭の工作機械の使い方

出典：冨山 2014b より作成

図表 12　L 型大学で学ぶべき内容（例）

体をなさないような大学や社会で「役に立たない」ことを教えている大学は、職業訓練校に転換すればよい、というものがあげられる。これは、おもに産業界からの意見である。一方、大学人からの反対意見としては、大学をG型とL型に分けることへの批判や、大部分の大学を職業訓練校にすることへの批判などがあげられる。

もともと、G型とL型という発想は、「Gの世界（グローバル経済圏）」と「Lの世界（ローカル経済圏）」という、経済特性や産業構造が大きく異なる二つの経済圏の分類からきている（冨山二〇一四a）。前者には、自動車・電機・機械、医療機器・製薬、情報・IT産業の非対面機能などの産業が含まれ、雇用形態としては「知識集約型」（高度な技能を持つ人材が求められ、高賃金）である。後者には、交通（鉄道、バス、タクシー）・物流、飲食・宿泊・対面小売・卸売、社会福祉サービス（医療、介護、保育等）などの産業が含まれ、その雇用形態は「労働集約的」（平均的技能を持つ人材が求められ、賃金が上がりにくい）である。冨山は、「Gの世界」と「Lの世界」のあいだに序列はなく、単に違う経済メカニズムと経済ルールがはたらいているにすぎず、「どちらの世界で給料を稼ぐかは、究極的には個人の選択の問題だ」（同）という。そして、それぞれの経済圏に対応した人材を育成する大学が、G型大学とL型大学という分類になる。

経済圏としてのG型とL型のあいだには序列がないというが、その分類を大学に適用すると状況は変わってくる。冨山は自分の提案を、「東大や京大、大阪大など旧帝大を中心とする国立大学など、ごく一部のトップ大学をG型大学とし、残りの国公立大学や私立大学・学部、中でも文系はほとんどすべてL型の実学重視の大学にしようという内容」（冨山二〇一五c）とまとめているから、かなり露骨な序列化である。冨山と同業者である大前研一も、「『君はG大学、あなたはL大学』などと上から目線で格付けするのは、教育者にはあるまじき態度だろう」（大前二〇一五）と批判している。

序列化はそれだけではない。冨山は、「人類普遍に通用する真理を探究するのが、アカデミズムの仕事である」としたうえで、「明日の経済的なメリットに関係ないことを研究するのは、むしろ超一流大学の超知的エリートの仕事なのだ」（冨山二〇一五c）とまでいう。つまり、L型大学では、アカデミズムはほとんど不要ということになる。しかし、研究者の分布という視点からみると、L型大学にもグローバルに通用する研究者はいるし、逆にG型大学でもグローバルに勝負できない教員もいるから、「G型＝アカデミズム／L型＝非アカデミズム」と一刀両断するわけにもいかない。

このようなG型大学とL型大学における序列化を、さらに露骨に表現したものが、L型大学の教員選定方法についての以下のような提言である。

文系のアカデミックライン（Lの大学には、従来の文系学部はほとんど不要）の教授には、辞めてもらうか、職業訓練教員としての訓練、再教育を受けてもらう

理系のアカデミックラインでGの世界で通用する見込みのなくなった教授も同様

↓英文学の先生は全員、TOEICの点数獲得教育能力を、経営学の先生は簿記会計二級合格や弥生会計ソフトで財務三表を作らせる訓練能力を、法学部の先生は宅建合格やビジネス法務合格の受験指導能力を、工学部の先生にはトップメーカーで最新鋭の工作機械の使い方を勉強し直してもらう（冨山二〇一五a）

ここまでくると、真面目な大学教員は激怒するにちがいない。大学教員にしてみれば、資格取得の指導員になるために、あるいは工作機械の使い方を指導するために大学教員になったわけではないし（いうまでもなく、職業訓練とアカデミズムのあいだに序列はないが）、働き方まで人に指図される筋合いはない、と思うだろう。

冨山は、日本の大学教育が役に立たないという前提のもと、「L型大学で学ばせようと考えているのは、（中略）若者が、いや現代に生きる大多数の人々が、生涯を通じて安定的に食っていくための現実的な技能や知識である」（冨山二〇一五b）という。さらに、冨山は次のようにもいう。

大学の先生が大好きな「物事を深く考える能力」「自分の頭で考える能力」でメシを食える人は一体何人いるだろうか。
「考える」前にその前提となる基礎言語（例えば、ＩＴの世界に行くならプログラミング言語はそこでものを考える言語だし、ビジネスの世界なら簿記会計もやはり基礎言語である）でさえ、身につけられずに大学を卒業する若者が大多数ではないか。（同）

「考える」ためのツールとしての知識や技能（冨山のいう「基礎言語」）が重要であるという点は、第六章で展開する議論ともかさなる。また、大学教育の目的が、学生に専門的な知識を教え込むことではなく、卒業後により良い生活（その定義は人によって違うが）をするための準備をさせることであると考えるならば、冨山の基本的な考え方には賛同できる。ただし、「食っていくための現実的な技能や知識」が、提言で例示されたようなものであるとすれば、金太郎飴のような労働者を大量に育成するような「工場型モデル」の教育ではないか、と批判されてもしかたがない。さらに、G型大学とL型大学の序列的イメージと重ねあわせられて、あたかもL型大学出身者がG型大学出身者に奉仕するかのような誤解をうみかねない。

問題の提言から約三か月後の有識者会議で、冨山は「新たな高等教育機関を『四流の大学もどき』にしないために」（冨山二〇一五ａ）という提言をしている。タイトルは挑発的ながら、今度はG型大学とL型大学の露骨な序列化は影をひそめている。この提言では、東大を頂点とする、アカデミア（学問の世界）をベースとした山がひとつの構造では、産業界が必要とするプロフェッショナル人材が輩出されにくいとして、高等教育機関をアカデミックスクールと「職業教育」に重点をおいたプロフェッショナルスクールの「二山構造」にするべきだという。この提言のあとに出版された著書で、冨山は「日本の大学をG型とL型、もう少し丁寧にいうとアカデミックスクールとプロフェッショナルスクールに分け、大多数の大学は、ローカルな経済社会に現実に貢献できる人材を育てる実学教育を行うべきだ」（冨山二〇一五c）と述べている。つまり、「G型大学＝アカデミックスクール／L型大学＝プロフェッショナルスクール」ということになる。

「G型大学・L型大学」論をこえて

ここまで、「G型大学・L型大学」論について比較的ていねいに紹介してきたが、冨山の提案に対して、大学人はそれほど過敏に反応する必要はない。過敏に反応すればするほど、冨山の「思うつぼ」である。といっても、提言を無視したり、貶めたりするつもりはまったくないし、提言の根底にあるメッセージは真摯に受け止めなければならない。すなわち、「日本の大学教育はアカデミズムを重視するあまり現実社会を無視し、学生が卒業後に安定した生活をできるような知識や技能を身につけさせていない」という内容のものである。これに対して大学教員は、「学問的知識こそ教養であり、その教養を身につけることが、より良く生きていることにつながるのだ」などと反論してはいけない。もちろん、後にふれるように「学問的知識」も「教養」の一部だが、大学教育にいま問われているのは、知識をもとに考え、行動できる能力を育成するとともに、社会が変化してもそれに対応できるような、コンピュータでいう「OS」（オペレーション・システム）を一人ひとりの学生のなかにつくることである。

冨山の提言に過敏に反応するなというのは、その戦術が、いわゆる「炎上商法」と同じで、極端な「もの言い」で人々を刺激し、議論を巻きおこそうとするものだからである。特に「炎上」した「L型大学で学ぶべき内容（例）」などは、同業者の大前からも「弥生会計を持ち出すセンスが怪しい」（大前二〇一五）と批判されているが、冨山が「本気で」この内容を提示しているのなら、「本気で」その見識を疑わざるをえない。むしろ、「日本の大多数の大学が役に立たない以上、いっそのこと、これぐらいの内容を教えるほうがよほど役に立つ」という程度の意味に解釈したほうがよい。冨山の提言は、SNSから火がついて大きな議論に発展したものの、皮肉にも、提言先の有識者会議では、冨山の問題提起を展開するような議論にはならなかった。

さて、冨山の提言の根底にあるメッセージを真摯に受け止めるとともに、現実的なかたちで大学教育を改変すると考えた場合、海老原嗣生の提言が参考になる。海老原は、多くの学生が就職する中堅・中小企業で求められているのは、「社会人基礎力」などという小難しい力ではなく、「『叱られ、恥をかき、慣れたら次の難題が与えられる』仕組みについていけるような人間形成」（海老原二〇一六）であるという。そのためには、G型大学・L型大学などという区分を考える必要はなく、現状の学部編成のままでも「講義やゼミの運営を徹底的にハードにすれば、それで済むのではないか」（同）という。具体的な教育内容は、次頁の図のようになる。

海老原は、忍耐力・継続力、思考力（論理構成）、咀嚼力・説明力（話す、聞く）というのは、本

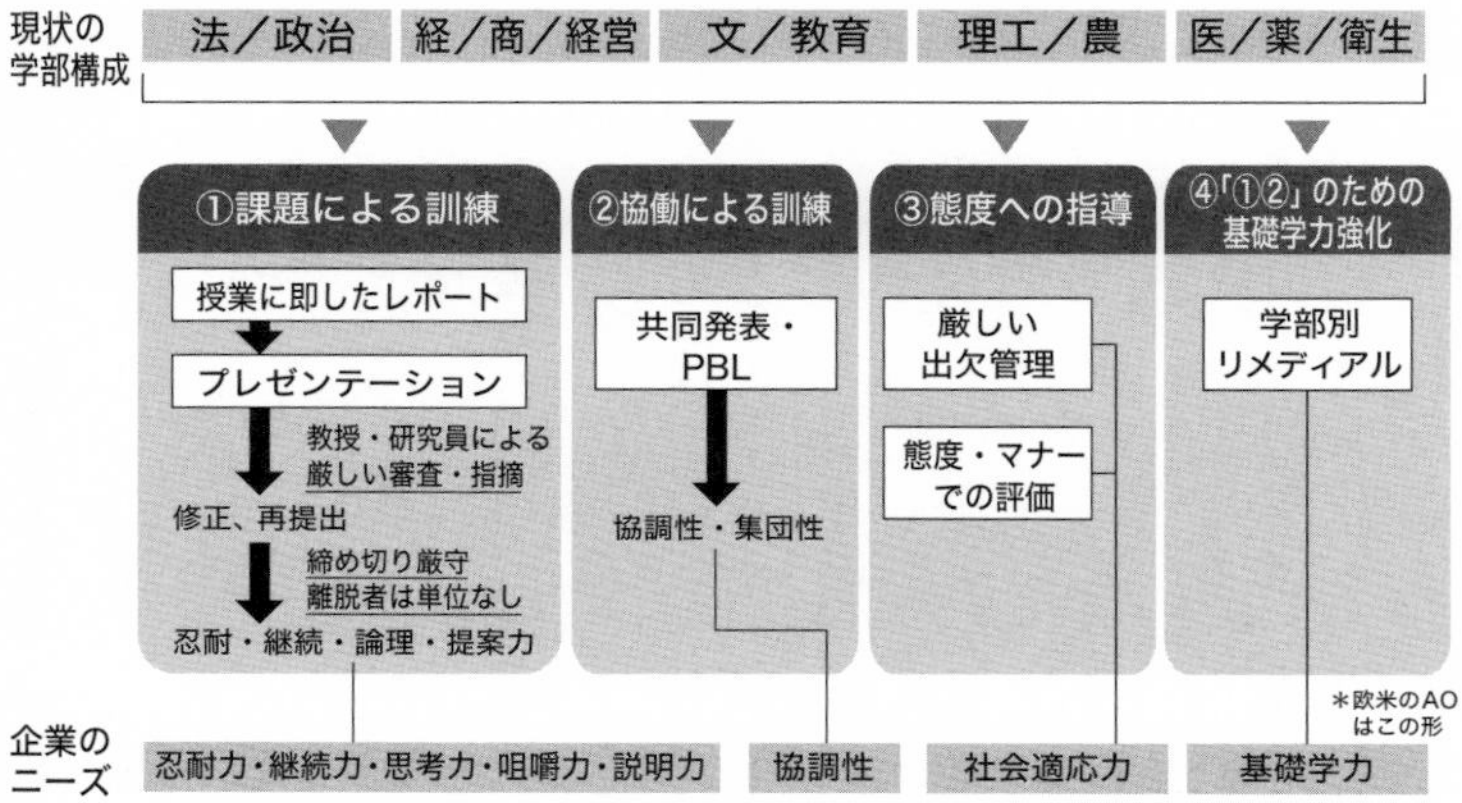

出典：海老原 2016 より

図表 13　現状のまま「厳しく鍛える」ことで身につく力

来のアカデミズムの本道であり、スキル教育ではなく、アカデミズムの訓練を通して培うことができるという。まったくその通りであるが、このことを前提として大学教育が行われているかというと、かなり疑わしい。アカデミズムを放棄することなく、現実社会に目をむけた教育をするとすれば、海老原の提言は重要である。実際、地方の小規模大学では、図表13のような教育を実践し、成功している事例（大森ほか編著二〇一八）もある。

ちなみに、冨山のプロフェッショナルスクールに関する提言（冨山二〇一五ａ）では、民間企業の実務経験者を教員として採用することを前提としているが、その採用・評価の視点のなかに、「鍛える力」（学生を鍛え、育成する力）が含まれている。その意味では冨山の提言も、民間企業の実務経験者を教員にするという部分を除いては、海老原の提言に通じるところがあるといえる。

不毛な議論に終止符を

六八通知の内容や冨山の提言は、表現の方法こそ異なるものの、その根底には、実践的な知識や技能の重視と、文系学部は役に立たないという考え方があるといえる。特定の学問が「役に立つ／役に立たない」という考え方は広く世間に蔓延しているが、何が「役に立つ／役に立たない」かという不毛な議論は、もうやめたほうがよい。結論を先取りすれば、次のようになる。あらゆる学問は役に立つが、それぞれの学問の役立ち方は異なる。また、確実に「役に立つ」学問を、あらかじめ確定するのは困難である。だから、「役に立つ／役に立たない」という議論は不毛なのだ。

そもそも、大学教育に関する部分に限定しても、「役に立つ／役に立たない」という議論には三つの奇妙な点がある。第一に、「何に」役立つのかが、いつも不問に付されたまま議論されている。第二に、一方的に「役立つ」という視点から議論され、「役立たせる」という「主体」の視点が欠落している。そして第三に、「予測不可能な時代」といっておきながら、「役に立つ」ものがあらかじめ予測されている。

第一の点に関しては、日常会話を想像すればわかる。「一〇〇円ショップの○○はキッチン収納に役に立つ」や「山登りの趣味が健康維持に役立った」など、われわれは、何が何に役立つかを示しながら会話する。ところが、学問の話になると、この「何に」の部分を不問に付し、「就職に」「金もうけに」「経済成長に」など、暗黙のうちに、経済的・功利的な言葉を「何に」の部分に入れて議論されることが多い。その結果、経済的・功利的なものに直接結びつかないようなものは「役に立たない」と判断される。

この基準からみれば、歴史や文学は「役に立たない」ことになる。ところが、世界史や日本史は、国際社会や日本社会を理解するのに役立つし、そのことは回りまわってビジネスにも役立つ。文学は、想像力や共感力を鍛えるのに役立つし、文書あるいは口頭におけるコミュニケーション力を高めるのにも役立つ。つまり、「何に」の部分を入れ替えれば、役に立ち方もかわってくる。

吉見（二〇一六）は、「役に立つ」ことには、「目的遂行型」と「価値創造型」の二つの次元があるという。前者は、設定された目的に対して、もっとも合理的な方法で到達するようなタイプの知で、理系の知と親和性がある。これに対して後者は、価値の軸が劇的に変化する社会で、既存の価値を疑い、反省したり批判したりすることを通して、新たな価値の軸を創造するタイプの知をさし、文系の知と親和性がある。つまり、あらゆる学問の知は、それぞれに役立ち方が違うということである。また、野家啓一（二〇一八）は、一部の自然科学のように、効率性と短期的に結果を求められる科学のありかたを、ファストフードになぞらえて「ファストサイエンス」と呼び、逆に、人文社会科学のように、学問が熟成するのに時間がかかる科学を「スローサイエンス」と呼んだ。両者のいずれにしても、役立ち方と成果が出るまでの時間に違いがあるといえる。

筆者は、自然科学と人文社会科学の役立ち方の違いを、西洋薬と漢方薬の違いにたとえたい。西洋薬と漢方薬は、患者を治すという目的は同じだが、それぞれの効き方が違う。西洋薬は、血圧を下げる、細菌を殺す、熱や痛みを取るといった、ひとつの病気やひとつの症状によく効く。また、検査結果や数値に明確にあらわれる病気を対象とする。これに対して漢方薬は、体質に由来する症状や検査をしても原因がなかなかみつからないからだの不調に対して使われ、複数の症状に効果がある。このように、特定の目的に対してピンポイントで効き、しかも即効性を求めるような知のありかたが（すべてというわけではないが）自然科学にあてはまり、複数の目的に対して、時間をかけながら効果を発揮するような知のありかたが人文社会科学にあてはまる。

第二の「役立たせる」という「主体」の視点については、大学の授業を想像すればよい。同じ授業を受講する学生でも、授業から受ける刺激のありかたは異なる。また、受けた刺激をどのように自分の考え方に役立てるのかは、個人によって異なる。「主体的な」学習者の育成を声高にさけぶのであれば、かりに「役に立たない」とまわりが判断するような事柄でも、学習者がそれをどのように役立てるのか、という視点が必要だろう。功利主義的な人間は、「役に立たない」とまわりが判断したものを無理やり役立てるよりも、「役に立つ」とされているものを選択したほうが合理的である、というかもしれない。しかし、「役に立たない」という判断がそもそも間違っていたとしたら、そのときはどうするのか。

第三の問題は、「予測不可能な時代」に「役に立つ」ものをあらかじめ予測できるのか、ということである。政策文書は、呪文のように「予測不可能な時代」という言葉を繰り返す。論理的に考えれば、予測不可能ならば、何が役に立つかも予測不可能なはずである。長谷川英祐（二〇一六）は、事態が生じるまでは何が「役に立つ」のかわからない例として、狂牛病（ＢＳＥ）の事例をあげている。狂牛病の病原体は神経細胞にあるプリオンというたんぱく質が変異したものと考えられているが、それが何の役に立つのかわからないため、研究する基礎研究者はごく少数だった。しかし、いざ狂牛病が蔓延するようになると、その基礎研究が役に立ったという。そして、いまは何の役に立つかわからないものでも研究しておくことが、人間社会全体のリスクヘッジの観点から重要であり、どこかでいつか役に立つかもわからない作物の苗を育てる「苗床」(シードバンク)の役割を大学が担うべきであるという。

以上のような観点から、「役に立つ/役に立たない」という議論は不毛であるから、もうやめにしたほうがよい。

理系バカ・文系バカ・分類バカ

特定の学問が「役に立つ/役に立たない」という議論は、「理系・文系」という分類と密接に関係している。そして、一般に「理系=役に立つ/文系=役に立たない」という図式がある。もちろん、ここでいう「役に立つ/役に立たない」というのは、前述のように経済的・功利的な意味である。しかし、「文系・理系」という単純な分け方や、どちらかが優れているという議論は不毛である(志村二〇〇九、竹内二〇〇九)。

そもそも、文系・理系を分ける制度や思考は、いつはじまったのか。隠岐さや香(二〇一八)によると、すべての分野を「文」「理」に分類する表現が明確にあらわれたのは、一九一〇年代だという。大正七年(一九一八)の第二次・高等学校令では、高等学校高等科を「文科」と「理科」に分けるとの文言があり、前者は法、経済、文学、後者は理、工、医、という区分になっていた。そして、それ以降、大学入試の準備段階から文系と理系に分ける方式が定着していったと考えられる。実際、大学入試の科目が文系・理系の区分を前提に設定されているから、高校の教育現場では志望別に受験指導したほうが効率的である。そのため、ますます文系・理系という区分が強化される。

その結果、厄介なことに、生徒も自分のことを文系・理系の区分にあてはめようとする。小中高で数学や理科が苦手な生徒は、自分のことを文系だと認識する。では、その生徒は英語・国語・社会といった科目が得意なのかというと、かならずしもそうではない。そう考えると、文系というのは、世の中の人々から理系を除いたあとに残る「その他大勢」のことをさすことになる。文系・理系の区分は、血液型占いに似ている。血液型と性格の関係については科学的な根拠がないが、血液型占いには根強い人気がある。そして、「自分は典型的なA型の性格だ」というように、自分の性格を血液型別の性格にすりあわせて語る傾向がある。血液型占いと同じように、日本人には、文系・理系のレッテルを自分に貼るクセがついてしまった。しかし、その区分が本当に適切なのかどうかはわからない。また、文系・理系という大学入試向けの区分が、入学後に学問分野のミスマッチを引き起こしている例もある。たとえば、経済学部は文系に区分されているが、いざ入学すると数学の微分・積分の知識が必要となる（本来、経済学は理系に近い）。また、カウンセラーをめざして心理学部に入学したものの、基礎知識として心理統計を勉強しなければならない。

このように、制度としてはじまった文系・理系という区分が大学入試の準備に影響をおよぼし、さらに自分を分類するカテゴリーとして定着し、場合によっては、その分類が大学入学後に悪影響をおよぼすことになっている。そして、文系・理系という区分がますます強化されるようになった結果、視野の狭い「理系バカ」と「文系バカ」が生まれ、何事も文系・理系に分けて考えようとする「分類バカ」が生まれる。

いうまでもなく、学問には文系・理系の両方が必要であり、その優劣や序列はない。もし、現実社会に「役に立つ」理系の学問だけで十分だという人間がいれば、見識を疑う。「文系の知識は本やインターネットで十分だ」という意見をよく聞く。しかし、この意見は学問を知識のレベルでしかとらえていない。どの学問にも、知識をもとにして考え、表現する「型」があり、「知識＋思考＋アウトプット」という「型」が本やインターネットで簡単に身につくものなら、日本社会はもっと創造的になっているはずだ。また、「知識は本やインターネットで十分」という人には、みんなが独学できるという「独学幻想」がある。序章でもふれたが、書店に「独学」をテーマにした本が多く並んでいるのは、独学ができない人が世間に多いことの裏返しである。

見捨てられる不幸、期待される不幸

文系・理系という区分が成立して以来、とりわけ高度経済成長期から、たびたび理系重視の政策がとられてきた。少なくとも高度経済成長期において、先進国にキャッチアップするために、科学技術の振興に力を入れるという政策は理にかなっている。

一九六〇年、岸信介内閣の松田竹千代文部大臣は、国立大学の法文系学部を全廃して理工系に一本化し、法文系学部は私学にゆだねるべきだ、との発言をして物議をかもしたが、それは実現しなかった（壱岐二〇一八）。同年、岸内閣に続く池田勇人内閣は「国民所得倍増計画」を発表し、これと連動するかたちで、当初は理工系学生を一万六〇〇〇人増員する計画が発表されるが、のちにその目標は二万人にまで引き上げられた。それ以前にも、一九五七年、国の経済政策「新長期五か年計画」と連動し、理工系学生八〇〇〇人を増員する「科学技術者養成拡充計画」が策定されている。この後の政策ともあいまって、五五～七五年の二〇年で理工系学生の数は約五倍に増加した。この過程のなかで、国立大学だけでは理工系学生を収容することが困難であるため、政府は計画達成のために私立大学に依存することになった。規模の拡大をねらう私立大学側にとっても、この政策は利害が一致し、その結果、私立大学が増加するとともに、一部の私立大学がマンモス化する基盤ができあがった（伊藤一九九六、二〇一三）。

このように、経済成長と科学技術振興、さらにはそれを支える理工系人材の育成は、これまでワンセットとして考えられてきた。振興すべき科学技術の内容がＡＩに変化しただけで、現在もこの傾向は変わらない。人文社会科学の成果と異なり、科学技術の成果は見えやすいだけに、それに政府が投資をするのは理屈としてわかりやすい。しかし、ＡＩひとつとってみても、それがどの分野のどの場面に実装されて活用されるかについては、ＡＩ技術者だけでは答えが出ない。そこには、他の分野の自然科学だけではなく、広く人文社会科学との連携が必要になる。ありふれた例だが、ＡＩ搭載の自動運転車ひとつとっても、事故責任に関する法学問題や乗車している人間の認知や心理についても考える必要がある。また、ＡＩ自体を考えるとき、人間の知性に関する哲学的な考察も必要となる。ＡＩの話題以前に、東日本大震災と福島第一原発事故を考えればよい。そこには、いくつものヒューマンエラーや組織の力学など、科学技術だけでは解決できない問題があった。とはいえ、「経済成長＝科学技術＝理工系人材」という図式がある以上、文系の学問は、地位的にも財政的にも劣位に置かれるという意味で、「見捨てられる不幸」を経験することになる。

では、経済成長にとって有用であると期待される理系の学問は幸福なのか。性急に学問的成果を求めることの弊害を示す例として、理化学研究所の元研究員・小保方晴子の「ＳＴＡＰ細胞騒動」（二〇一四年）があげられる。社会にとって有用であると判断され、多額の研究費をあたえられた研究分野では、その期待に応えなければならないという大きなストレスが研究者にかかる。社会からの期待、莫大な予算、研究者のストレスなどがつくりだす状況は、決して研究者にとって幸福とはいえない。その意味では、過度に「期待される不幸」というものもあり、理系重視の傾向は、理系の研究者の首を絞めることにもつながりかねない。

イノベーションに対する誤解

「経済成長のためにイノベーションが求められている」というセリフをよく聞く。では、「イノベーション」とは何かというと、いまだに「技術革新」の文脈で考えられることが多い。そのため、「経済成長＝技術革新＝科学技術」という図式になりやすい。

イノベーションについて語る際に、よく引用されるのがシュンペーター（一九七七）の「新結合」(neue Kombination) の概念である。シュンペーターは、経済発展を推進するのは企業家による「新結合」であるとし、それは、われわれが利用できるさまざまな物や力の結合によると指摘した。「新結合」は、のちに「イノベーション」と読みかえられ、日本では、一九五六年の『年次経済報告』において「技術革新」と翻訳された。しかし、イノベーションが技術革新に限定されるわけではない。

伊丹敬之（二〇〇九）は、技術革新を起点として、イノベーションを次のように定義する。イノベーションとは、「技術革新の結果として新しい製品やサービスを作り出すことによって人間の社会生活を大きく改変すること」（伊丹二〇〇九）である。そしてイノベーションには、①筋のいい技術を育てる、②市場への出口を作る、③社会を動かす、の三段階のプロセスがあるという。最初の「筋のいい技術を育てる」プロセスでは、おおいに理系の学問が役立つ。しかし、それを社会とつないで市場をつくり、社会を動かすプロセスになると、理系の学問だけではうまくいかない。その意味で、イノベーションを起こすためには、文系と理系がまさに連携しなければならない。

興味深いことに、安倍晋三首相も同じことをいっている。二〇一四年五月六日、安倍首相はＯＥＣＤ閣僚理事会で基調演説をしているが、当時、「実践的な職業教育を行う新たな高等教育機関」（のちの「専門職大学・短大」）に関する議論が動きはじめていた。そのため、演説中の「学術研究を深めるのではなく、もっと社会のニーズを見据えた、もっと実践的な、職業教育を行う。そうした新たな枠組みを、高等教育に取り込みたいと考えています」という箇所だけがクローズアップされることが多かった。しかし、この前段で何が語られたかに着目する議論は少ない。では、何が語られたのか。少し長くなるが、以下に引用する。

ロボットのみならず、あらゆるイノベーションを起こし続けることが、付加価値を高め、経済成長を牽引する鍵であることは間違いありません。デジタル革命の立役者であるコンパクトディスク。このイノベーションの物語は、大きなヒントを与えてくれます。

コンパクトディスクは、なぜ直径が一二cmなのか？ **それは、工学部出身のエンジニアたちが決めたのではありません。バリトン歌手からソニーの社長となった、大賀典雄さんが決めたものでした。**

七〇分近くある「ベートーベンの第九」が、一枚のディスクに入らなければならない。大賀さんの一声で、直径が小さく、収録時間六〇分という当初案は廃棄され、七五分収録できる直径一二cmのディスクが生み出されました。その結果、音楽愛好家からも受け入れられ、このイノベーションが世界の隅々にまで広がったことは、皆さんがご存知のとおりです。**「エンジニア」とは異なる「バリトン歌手」の視点があったからこそ、コンパクトディスクが生まれたわけです。**

「エンジニアリングだけがイノベーションを生み出す」という発想を、まずは捨てねばなりません。社会は複雑化しています。経営学や心理学の知見、文化への造詣など、幅広い素養が求められる時代です。（「ＯＥＣＤ閣僚理事会　安倍内閣総理大臣基調演説」首相官邸ホームページ。引用にあたり一部段落を改編。太字は筆者）

このくだりの少し後に、前述の「学術研究を深めるのではなく」の文言が登場する。言葉通りに読めば、安倍首相の演説は、伊丹のイノベーションに関する考え方や筆者の見解とも符合する。ただし、だからといって、政府が文系と理系の学問を同等に扱うとは考えられない。この演説の全体をみると、若干支離滅裂な印象を受ける。おそらくスピーチライターが、世界に冠たるソニーのイノベーションであるコンパクトディスクをはじめ、「クールジャパン」的なトリビアをちりばめた結果、文脈に乱れが生じたのではないかと考えられる。安倍首相は演説のなかで、「弁当」(bento)についてのトリビアをひとしきり披露したあと、構造改革のヒントは「弁当」の箱の中にある、そのキーワードは「バラエティ」だという。日本のイノベーションのためにも、学問の「バラエティ」を大切にしてほしいものだ。

イグ・ノーベル賞を笑うな!

理系重視の風潮のなかで、理系の学問にも「バラエティ」があり、一種の序列化がおこっている。つまり、応用科学重視、基礎科学軽視の傾向である。

日本のノーベル賞受賞者は、口をそろえて基礎科学の窮状を訴えてきた。政府は「第二期科学技術基本計画」(二〇〇一～〇五年)で、「五〇年間にノーベル賞受賞者三〇人程度」という目標を立てている。そのわりには、ノーベル賞受賞者の声に耳を傾けてきた様子があまりない。しかし、二〇一九年度の『科学技術白書』では、それまでの論調とはうってかわって、第一章に「新たな知を発見する基礎研究」という章をおき、本庶佑、大隅良則、梶田隆章、田中耕一ら、ノーベル賞受賞者の声を掲載している。ただし、今後、政府が基礎研究をどの程度大事にするかは、現時点では明らかではない。

赤池伸一と原泰史（二〇一七）によると、「ノーベル賞の受賞は、研究の成果が発表されてから二〇～三〇年後であり、日本における近年のノーベル賞受賞者の輩出は一九七〇～九〇年代頃の成果が花開いたものである」（赤池・原二〇一七）という。さらに、この時期の日本は、基礎研究を重視してきた時期に相当するともいう。このことを考えれば、今後の日本人のノーベル賞受賞が悲観的なものにみえてくる。

二〇〇二年にノーベル物理学賞を受賞した小柴昌俊は、メディアから「その成果は将来、何の役に立つのか」という質問を多く受けた。これに対して、小柴は「まったく役に立たない」と答えた。しかし、実用的な科学分野を支えているのは、すそ野が広い基礎科学である。前述の狂牛病におけるプリオン研究のように、いつ何がどのように役立つのかは、あらかじめ予測できない。

理系の学問成果のなかでも、「役に立つ／役に立たない」といった軸ではとうていとらえられないものが、イグ・ノーベル賞（Ig Nobel Prize）である（エイブラハムズ二〇〇九）。この賞は、一九九一年に創設され、「人々を笑わせ、そして考えさせてくれる研究」に対して与えられるものである。その名称からすぐに想像できるように、ノーベル賞のパロディーであり、「ノーベル」（Nobel）に否定を表す接頭語の Ig を加えるとともに、英語の Ignoble（恥ずべき、不名誉な）という言葉にかけたものである。「役に立つ／役に立たない」という基準でいえば、歴代の受賞者たちは口をそろえて、「役に立たないに決まっているではないか。それに、そんなこと気にしていないよ」というだろう。

驚くべきことに、日本人はイグ・ノーベル賞の常連で、二〇〇七年から一三年連続で受賞している。この賞の受賞者は、科学的に不真面目なのかというと、そんなことはない。二〇〇〇年に「カエルの磁気浮上」でイグ・ノーベル賞（物理学賞）を受賞した、ロシア生まれのオランダ人物理学者アンドレ・ガイムは、二〇一〇年に、コンスタンティン・ノボセロフとともに、「炭素新素材グラフェンに関する革新的な実験」でノーベル物理学賞を受賞している。ガイムは、現時点まで、ノーベル賞とイグ・ノーベル賞の両方を受賞した唯一の研究者である。また、二〇一四年にバナナの皮の摩擦係数を測定して実際に滑りやすいことを証明したことで、イグ・ノーベル賞（物理学賞）を受賞した馬渕清資（北里大学）の本業は、人工関節の研究者である。馬渕は、関節の滑らかさを調べるうちにバナナの研究にたどりついたが、バナナの皮から出る潤滑液と関節の潤滑の仕組みには関係があるという。

イグ・ノーベル賞には、「笑える研究だが、その先には深い世界が待っているはずだ」というメタメッセージが隠れていると考える。そして、いつ、どこで、どのようにして実用的に役立つかわからないが、豊かな「苗床」を用意しておくことが、回りまわって社会のためになるかもしれない、ということをイグ・ノーベル賞は示唆している。このことは、ひるがえって文系学部の存在意義にもつながる。文系・理系にかかわらず、豊かな「苗床」を維持することが、さまざまな分野のイノベーションに結びつくとすれば、やはり「文系学部は死なない」のであり、死んではいけないのだ。

第四章　改革は静かに、そして合理的に失敗する

「高大接続改革」の目論見

大学が、いま直面しているのは「高大接続改革」と呼ばれるものである。これは、「高等学校教育」「大学入学者選抜」「大学教育」の三つを一体的に改革しようとするものである。その内容を、文科省の文書等を参考にしながら、簡単に説明すると以下のようになる。

いま、グローバル化の進展やＡＩ（人工知能）をはじめとする技術革新などにともなって、社会が急速に大きく変わろうとしており、予測困難な時代のなかで、新たな価値を創造する人材が求められている。そこで、**高等学校においては、「学力の三要素」**すなわち、①知識・技能の確実な習得、②（①をもとにした）思考力、判断力、表現力、③主体性を持って多様な人々と協働して学ぶ態度、**を確実に育成する。大学入学者選抜（入試）では、「学力の三要素」を多面的・総合的に評価し、大学教育では「学力の三要素」をさらに伸ばす。**このために、**高等**

学校教育改革・大学入学者選抜改革・大学教育改革の三つを同時に実施する。

「学力の三要素」という言葉は、中教審の高大接続特別部会の議事録をみるかぎり、答申「新しい時代にふさわしい高大接続の実現に向けた高等学校教育、大学教育、大学入学者選抜の一体的改革について」のとりまとめに向かう議論のなかで、唐突にあらわれてきた感がある。この言葉は、二〇〇七年に改正された学校教育法の第三〇条二項で、小・中・高等学校において育成すべき目標として定められたもので、①基礎的な知識・技能、②知識・技能を活用して課題を解決するために必要な思考力・判断力・表現力等、③主体的に学習に取り組む態度、をさす。ただし、条文のなかには「学力の三要素」という言葉はないし、高大接続特別部会でも、それに関する議論は深められておらず、最終的には、この学力像が大学にまで適用されるようになった。

荒井克弘（二〇一八）が指摘するように、学校教育法上、小・中・高等学校の学びは「積み上げ」一式で、高等学校と大学の関係は普通教育から専門教育への「接続」であり、教育制度論からいえば、「学力の三要素」で小学校から高等教育までの学力像を貫くというのは無理がある。とはいえ、前章で提示した「T－MASKモデル」の視点から、専門的な知識・技能にもとづいて思考・行動する人材を大学で育成すると考えれば、大枠のところでは、「学力の三要素」の考えとそれほど矛盾しないともいえる。

さて、高大接続改革の概要は冒頭にまとめた通りであるが、改革の背後にある文科省の目論見を筆者なりの言葉でまとめると、以下のようになる。

これまで、小学校から高校、さらには大学までの教育について、各々にさまざまな改善を求めてきた。しかし、それでは**らちがあかないので、まるごと教育を変える方法として、大学入試自体を変えてしまえばどうかと考えた。高校の授業は、**建前上、学習指導要領に準拠して行われるが、**実際には、大学受験のための勉強になっているのが現状である。**ということは、**大学入試で求められる内容を変えてしまえば、それに連動して高校の授業内容も変わらざるをえないし、**当然、教え方自体も変えなければならない。**大学入試で問う知識・技能は、大学教育でも伸ばす必要があるから、結果として、大学教育自体も変わらなければならない。**つまり、**大学入試を「てこ」にして、高校と大学の教育を一挙に変えよう、**というのが今回の改革の目論見である。

すでに、高大接続改革については、高校と大学の教育現場の取材にもとづいた山内太地と本間正人の著書（山内・本間二〇一六）がある。また、大学改革については、教育現場から多くの批判がある（藤本・古川・渡邉編二〇一七、山口二〇一七、物江二〇一七、佐藤編著二〇一八）。筆者は文科省のやりかたには批判的であるが、いわゆる「予測不可能な時代」に、自分が納得してより良い生活を送れるように、生きていくための基礎能力を学生に身につけさせることは重要であると考える。本章のタイトルは、一見、教育改革の失敗を願っているかのようにとられかねないが、本意は別のところにある。何をもって改革が成功した（あるいは失敗した）と判断するかは難しいが、本章でいいたいことは、これまでの教育改革や教育現場の状況を考えると、メカニズムとして改革がうまくいかない蓋然性が高い、ということである。そこで、本章では、改革がうまくいかないメカニズムを、以下の三つの観点から論じる。

①　政策文書のジレンマ
②　検証なき教育改革
③　「改革疲れ」と面従腹背

また、教育政策に関連して、教育に対する公的支援についてふれるとともに、日本の大学改革を考えるヒントとして、韓国の高等教育政策についてもふれる。

政策文書のジレンマ

最初に論じるのは、「政策文書のジレンマ」についてである。これは、政策文書の言説構造（「ものの言い」の仕組み）自体のなかに、あらかじめ失敗が埋め込まれている、ということを意味する。具体的には、次のようなことである。政策文書は、当然、理想を語らなければならない。そして、高い理想を掲げれば掲げるほど、実現しなければいけない内容がふくらむ。また、多様な解釈が生じないように過不足なく内容を盛りこもうとするため、文章が冗長になり、かえってメッセージが伝わりづらいものになる。さらに、多くの事柄を列挙したことにより、そのすべてとまではいかなくても、かなりの事柄を達成せざるをえなくなる。その結果、政策文書の発信者が目標達成のハードルを自ら高くすることになるだけではなく、受信者（文科省の政策文書でいえば教育機関）に過大な要求をすることにもなる。かくして、過大な要求はなかなか達成されず、政策文書が意図したような結果にはならない。

たとえば、第二章で論じたように、政府や産業界が描く「グローバル人材」像は、ないものねだりの「スーパー日本人」であった。「グローバル人材」なるものに求められる要件を、あれもこれもと付け加えるうちに、それを実現するのがきわめて困難な人材像になっていった。また、「グランドデザイン答申」には、次のような記述がある。

> 予測不可能な時代の到来を見据えた場合、**専攻分野についての専門性**を有するだけではなく、**思考力、判断力、俯瞰力、表現力**の基盤の上に、**幅広い教養**を身に付け、**高い公共性・倫理性**を保持しつつ、時代の変化に合わせて積極的に社会を支え、**論理的思考力**を持って社会を改善していく資質を有する人材（中略）が多く誕生し、（中略）活躍することが必要である。（太字は筆者）

ここでも、グローバル人材像と同様に、「～力」という言葉とさまざまな能力・特性が列挙されている。このような政策文書の「もの言い」のなかに、あらかじめ失敗が埋め込まれているようにみえる。

政策文書、とりわけ文科省の文書にみられる「～力」という言葉の列挙は、「コンピテンシー」(competency)の概念に影響を受けている。「グランドデザイン答申」では、ＯＥＣＤの定義を引用し、コンピテンシーを「単なる知識や技能だけではなく、技能や態度を含むさまざまな心理的・社会的なリソースを活用して、特定の文脈の中で複雑な要求(課題)に対応することができる力」と説明している。簡単にいえば、「知識だけではなく、身についた能力・特性を使って、さまざまな場面で直面した課題にうまく対応できる力」ということになる。

もともとコンピテンシーの概念は、一九五〇年代、アメリカの心理学研究に登場した。その後、七〇年代には、優れた成果をあげる人間の特性について研究した、マクレランドの研究(McClelland 1973)が注目されるようになった。マクレランドが設立した研究所が、その後、大手コンサルティング会社に吸収されたこともあり、コンピテンシーの概念は、企業の人事評価や人材育成の分野で普及するようになった。その過程のなかで、コンピテンシーは、仕事において高い業績をあげる人間の行動特性として解釈されるようになった。アメリカにおいても、またコンピテンシー概念を輸入した日本においても、コンピテンシーは多様に解釈され、混乱が生じている(加藤二〇一二)。文科省の「学士力」や経産省の「社会人基礎力」なども、その発想はコンピテンシーからきていると考えられる。

分解の誤謬あるいはコンピテンシー病

社会人として必要な能力・特性を明確にすることは重要である。しかし、本来、全人格的な人間に備わっているさまざまな能力・特性は、個別のものとしてではなく混然一体として存在するものである。人体を解剖しても、器官の構成と配置は明らかになるが、それらがたがいにどのように連携しているのかはわからない（もちろん、現代の医学では解明されているが）。これと同じように、人間の能力・特性をいくら腑分けしても、それらの関係性はわからないのである。経済学用語に、「合成の誤謬」というものがある。これは、個人や個別企業がミクロな視点で合理的だと思われる行動でも、それが合成されると、社会全体というマクロな視点からみると、かならずしもよくない結果をまねくことをさす。これとは逆に、コンピテンシーの視点から、人間の能力・特性を細かく分解することから生じる問題を「分解の誤謬」と呼ぶことができる。つまり、ひとりの人間としてはうまく機能している能力・特性を分解すると、それぞれの能力・特性がバラバラになり、各要素どうしの関係性がわからなくなる。

コンピテンシーの視点は、人間の能力を細かく分解すればするほど、人間の能力が正確に把握できると勘違いする傾向を生む。これは、「コンピテンシー病」とでもいえる。文科省の政策文書にみられるように、求められる能力・特性を過不足なく列挙しようとする発想は、まさにコンピテンシー病のあらわれである。コンピテンシー病が厄介なのは、意図せざる結果として、個別の能力・

特性を別々に育成しようとする教育を生んでしまうことである。たとえば、社会でコミュニケーション能力が求められていると聞くと、「コミュニケーション能力養成講座」といった内容の科目を作ってしまう大学もある。しかし、コミュニケーション能力自体に多様な意味が含まれているし、特定の能力をピンポイントで鍛えられるわけでもない。むしろさまざまな能力・特性は、アクティブ・ラーニング等を通して、総合的に鍛えられるものである。

また、コンピテンシー病に付随する症状として、分解された能力・特性のすべてを育成しようとする誤解があげられる。たとえば、社会人基礎力における三つの能力（一二の能力要素）は、当初から、大学時代にすべてが育成できるものとは想定されていなかった。事実、経産省の「社会人基礎力に関する研究会―『中間取りまとめ』―」（二〇〇六年一月）には、次のように記されている。

社会人基礎力は、**人生の各段階において様々な体験を通じて育成されるもの**であり、家庭・地域社会、学校段階、就職後の様々な段階等、**個人の各成長段階を通じて長期的かつ一貫した育成が必要なもの**である。（太字は筆者）

このように、社会人基礎力は長い人生のなかで育成されるものと考えられているが、教育現場では、学生を社会に送り出すまでに社会人基礎力を育成しなければならない、との誤解が生まれた。また、産業界にも同じような誤解があり、そのことが「大学は学生をちゃんと教育していない」という批判につながる。人間の能力・特性には個人差があり、どの要素が人生のどの段階で伸びるのかについても個人差がある。そのようなものを、大学時代におしなべて伸ばそうとする発想自体がおかしい。社会人基礎力の全能力を過不足なくもっている人間が社会にどれだけいるのかを考えれば、そのことが容易に理解できるはずである。

さて、もうひとつコンピテンシー病が厄介なのは、さまざまな能力・特性を測定する適正な方法がなかなか見つからないことである。大学教育で育成することが求められている能力・特性のなかには、第一章でもふれた非認知的能力が多く含まれている。そのため、従来型の学力テストによる測定はあまり役に立たない。そこで登場するのが、教育コンサルタントが提供するさまざまな適性検査である。ほとんどの適性検査は、心理学の心理測定尺度の考え方を応用したもので、「〜力」という言葉で表現される学生の能力・特性を数値であらわすものである。適性検査を導入した大学側は、「○○力と△△力の全体平均が、一年生のときに比べて三年生では＊・＊％上昇しました！」というふうに、少なくとも数字の上では教育の成果があったと主張できる。学生にとっては、適性検査の結果が自分の能力について考えるきっかけになるものの、数字上の向上が正味の能力・特性の向上をあらわすものかどうかは、かなり疑問である。結局、大学界は、コンピテンシー病にもとづいて、スコアの上下に一喜一憂する「点取りゲーム」に巻き込まれることになる。本来、一点刻みの数字では測定できないような力を育成するはずが、それをまたもや数字で測ろうとするというのは奇妙なことである。

検証なき教育改革

「政策文書のジレンマ」に続いて、改革がうまくいかない要因としてあげられるのが「検証なき教育改革」である。「高大接続システム改革会議」の最終報告書には、「この教育改革は、**幕末から明治にかけての教育の変革に匹敵する大きな改革**であり、それが成就できるかどうかが**我が国の命運を左右する**といっても過言ではない」（二〇一六年三月三一日、太字は筆者）とまで書かれている。いわば「学制以来の大改革」というのなら、これまでの教育改革に対する綿密な検証があってしかるべきである。しかし、残念ながら、そのような形跡はない。

高大接続改革といった大きなものでなくても、改革や新しいプロジェクトを計画する際には、以下のような図式を考える必要がある。

理想 − 現実 = 課題

つまり、あるべき理想を描いて、そこから現実の姿を引いたところに課題がみえてくる。しかし、地域再生と同じように、大学改革の「理想」はあいまいなことが多い。地域再生の議論では「地域の活性化」という言葉が頻繁に使われるが、「活性化」という言葉でイメージされる内容は、人によってそれぞれ異なる。これと同じで、大学改革の理想像もあいまいである。「予測不可能な時代に、社会を支え、社会を改善していく人材の育成」といっても、あいまいさという点では、「地域の活性化」と同レベルである。また、仮に理想が明確に描かれたとしても、現実をどうとらえるのかという問題がある。これこそが、まさに教育改革の検証と関わる。

第二章でふれたが、英語教育改革ひとつとっても、これまで多くの「英語嫌い」や英語に苦手意識をもつ生徒・学生を量産してきたにもかかわらず、文科省はその根本原因を分析しないままに、「英語四技能」を旗印に新たな改革をすすめている。それだけではない。英語教師の英語力向上に向けた達成目標も、その達成が困難とみるや、達成目標を修正するならまだしも、達成目標そのものを取り下げている。

また、検証すべきものは、ネガティブなものだけではない。たとえば、「ゆとり教育」とともに導入された「総合的な学習の時間」（以下「総合学習」）では、アクティブ・ラーニング（ＡＬ）の優れた取り組みがあった。文科省は、ゆとり教育についてのトラウマからか、ゆとり教育のなかであらわれた成果については、あまり語りたがらない。ＡＬに関しては、新学習指導要領からは「主体的・対話的で深い学び」と呼ばれている。文科省の政策文書では、この言葉に続いて「アクティブ・ラーニングの視点からの授業改善」という文言が添えられることがあるが、総合学習のなかで芽生えたＡＬと「主体的・対話的で深い学び」は、まるで別物のように語られている。総合学習におけるＡＬの成果を、どうして「主体的・対話的で深い学び」に活用しようとしないのかが理解できない。

鳥飼（二〇一八）は、改革に次ぐ改革を繰り返す文科省の姿を「慢性改革病」と呼んだ。大学の教育現場における「改革疲れ」（後述）を考えれば、慢性改革病による慢性改革疲労という状況は救いようがない。ただし、改革に向けて前進し続けなければならないのは、何も文科省だけの責任ではない。そこには、政府の構造的問題もあると考えられる。日本をひとつの学校法人にたとえてみよう。「学校法人オールジャパン大学」の理事長は財務省、文科省は（実質的な経営権がない）「雇われ学長」であり、理事会には経産省や学外理事の産業界がいる。理事長（財務省）は緊縮財政を旨とするから、毎年、予算は縮小傾向にある。しかし、実際の理事長は内閣府であり、学外理事（産業界）の意見をよく聞き入れるとともに、経済成長に資する人材を育成しなければならないという、切迫した危機感をもっている。そのため、理事長および影の理事長（内閣府）の意向を受け、「雇われ学長」（文科省）は改革を続けざるをえない。

PDCAは回らない

文科省がおかれている立場もわかるが、かといって理屈にあわないことは看過できない。文科省の政策文書には、「PDCAサイクルを回す」という言い回しがたびたび登場する。いうまでもなく、PDCAサイクルとは〈Plan（計画）→Do（実行）→Check（評価）→Act（ion）（改善）〉を繰り返すサイクルを意味する。大学評価では、しきりにPDCAサイクルが強調される。競争的資金の獲得においても、この言葉がかならず登場するから、申請する側もPDCAがぐるぐるまわる「ポンチ絵」（概略図）を申請書に書き込むのがならわしのようになっている。しかし、前述のように、当の文科省自身がPDCAサイクルを回していないのだから理屈にあわない。

「PDCAサイクルを回す」という言葉は教育界に流布し、改革のための呪文のように使われているが、PDCAサイクルそのものに対する批判や、それを教育に適用することに対する批判（大学評価学会編二〇一一、古川二〇一七）もある。この考え方は、経営学とりわけ品質管理の分野に最初に導入されたが、PDCAサイクルの生みの親とされる統計学者のシューハートやデミングのアイデアが、さまざまなかたちで誤解され、現在に伝わっているとされる。

重本直利によると、もともとPDCAサイクルは「目標とする規格に近い製品（モノ）の生産における管理の過程を示すサイクルであることから、管理者が管理される側の活動を統制して目標に近づけていくことを前提としている」（重本二〇一一a）。そう考えると、古川雄嗣がいうように、「『人間の教育』を『モノの生産』と同じ論理で考え、学生・生徒の『品質』を管理しようとする、その発想そのものに、根本的な違和が表明されるのは当然である」（古川二〇一七）。また、目標が管理者によって設定され、それを達成するためのPDCAサイクルであるとすれば、それはトップダウンによる管理にならざるをえない。つまり、PDCAサイクルの外側に目標がトップダウンであたえられており、その目標自体を変えることは許されないから、PDCAサイクルは「ノルマの達成」のためのプロセスということになる。重本は、中教審の「学士課程答申」で述べられている、目標にむけたPDCAサイクルの稼働という考え方を批判し、「これは、正しくは『目標管理』ではなくトップダウン管理の実施提案である」（重本二〇一一b）と批判する。また、本来の「目標管理」は個々人の動機づけと能力開発のためのものであり、「上から目標を下に押し付けるのは『方針管理』でありかつての『ノルマ管理』である。中央教育審議会は『目標管理』という言葉を間違って用いている」（同）とも批判する。

これらの批判に対して、言葉尻をとらえた表層的でナイーブ（単純・素朴）な見方だとかたづけるのは簡単である。しかし、教育現場では、たとえ目標設定の妥当性が疑われる場合でも、トップダウンで設定された目標を達成すべく、「ＰＤＣＡサイクルを回す」努力をしなければならないのが現実である。このことは、次に述べる改革がうまくいかない第三の要因、すなわち「改革疲れ」と面従腹背というテーマと結びつく。

蛇足ながら、「ＰＤＣＡサイクルを回す」や「ＰＤＣＡサイクルのスパイラル」という理屈には、よく考えればおかしな点がある。日永龍彦（二〇一一）が指摘するように、実際には〈ＰＤＣＡＰＤＣＡ…〉というサイクルだけではなく、小規模な改善を重ねる〈ＰＤＣＡＣＡＣＡ…〉というプロセスも可能であるし、実現可能な目標があり計画が周到に練られている場合、特に問題が生じず〈ＰＤＣＤＣＤＣＤ…〉というプロセスになる。むしろ、〈ＰＤＣＡＰＤＣＡ…〉というように、「計画をその都度見直さなければならない状況は、当該大学の計画策定機能の不全を意味しており、（中略）思いつきの行き当たりばったりの計画であると見なされても致し方ない」（日永二〇一一）。

「改革疲れ」と面従腹背

改革がうまくいかない第三の要因は、「改革疲れ」と面従腹背である。「改革疲れ」とは、矢継ぎ早に打ち出される文科省の改革策に、教育現場が疲弊することである。

一九九一年の大学設置基準改正、いわゆる「大綱化」(規制緩和)によって、大学の組織や教育のたがが緩んだとみるや、文科省は大学を締めつけはじめ、二〇〇〇年以降、大学の運営や教育のありかたにまで具体的な指示を出すようになった。そして、その指示にしたがっているかどうかが各種補助金等への申請条件になっていった。ここにいたって中教審答申は、好むと好まざるとにかかわらず、大学が従わなければならない「学習指導要領」と化した(川嶋二〇一八)。

一八歳人口の減少ともあいまって、財政的に苦しい大学界にとっては、各種補助金は抗しがたい魅力をもつ。たとえ、それが「毒まんじゅう」であるとわかっていても。補助金を受けるためには申請条件をクリアする必要があり、場合によっては、申請条件にあわせて大学の運営や教育を変えなければならない。補助金が受けられたとしても、文科省の指示にしたがって大学の運営や教育が行われている証拠を示さなければならない。まさに、前述のPDCAサイクルを回さなければならないし、証拠を示すためのデータ収集や書類作成には多大な労力を要する。その結果、教育現場は疲弊する。まさに、各種補助金は「毒まんじゅう」であり、まんじゅうは欲しいが、おいしいはずのあんこの部分は毒である。毒のまわり方には個体差があるが、確実に体を蝕んでいく。

では、疲弊する現場で何がおこるのか。教育現場では、「面従腹背」とまではいかなくとも、腑に落ちない政策を実施しなければならないから、それに取り組んでいる「ふり」をしようとする。また、そのようにアピールしないと補助金に結びつかない。古川(二〇一七)はPDCAサイクルについて論じるなかで、教育研究活動に関するさまざまな評価が義務づけられ、教員がその書類作成等に追われるさまを次のように表現している。

無味乾燥な（としか思えない）書類作成等の作業に少なからず時間と労力を割くことを強制されることを、もとより多くの大学教員はけっして快く思ってはいない。しかしながら、筆者を含むほとんどの教員は、「面倒くさい」、「意味がない」等々と口々に愚痴をいいながら、義務づけられた諸々の授業評価アンケートやら自己点検やらを「仕方なく」、「テキトーに」、「こなして」いるのが実情であろう。（古川二〇一七）

この文章だけをみると、いかにも大学教員が怠惰で不真面目なようにみえてしまうが、決してそうではない。むしろ、大学教員は教育研究に力を注ぎたいのである。しかし、ＰＤＣＡサイクルとやらに付随するデータ収集と書類作成等が、教育研究を圧迫しているのである。そして、次から次へと新たな要求が下りてくるから、大学教員は自己防衛のために作業を「仕方なく、テキトーに、こなす」ことになる。これは、大学教員にとって、ある意味で合理的な選択であり、結局、改革がめざしたものとは違う結果となる。

企業人のなかには、「大学教員は仕事もろくにしないのに高い給料をもらっている」と批判する人がいる。業務量はすべての教員に均等に割り当てられているわけではないから、たしかに、業務量の少ない教員だけをみれば、いかにも仕事をしていないようにみえる。また、そのような教員が多くいる大学はつぶれても仕方がない。しかし、現場の人間を締めつけ続ければ何が起こるかは、企業人が一番よく知っているはずである。

ここまでみてきたように、文科省の政策文書の「もの言い」自体に失敗が埋め込まれている。その「もの言い」には、育成すべき多様な能力・特性を列挙する傾向がみられた。これは、人間の能力を細かく分解すればするほど、人間の能力が正確に把握できると誤解する「コンピテンシー病」によるものといえる。そして、コンピテンシー病の傾向は、教育現場にさまざまな誤解を生むことになる。また文科省は、これまでの教育改革を検証することなく、「慢性改革病」と呼ばれるほどに、次々に新たな改革策を打ち出してきた。教育現場では、トップダウンで設定された目標を達成すべく、「ＰＤＣＡサイクルを回す」という呪文とともに、評価のためのデータ収集と書類作成に追われることになる。これらの作業に教育研究が圧迫され、大学教員は、合理的選択として、文科省の指示にしたがっている「ふり」をしようとする。かくして、改革は静かに、そして合理的に失敗する。繰り返すが、改革の失敗を願っているわけではない。合理的メカニズムとして、失敗する蓋然性が高いだけである。

「小さな政府」の「大きな介入」

前述のように、文科省は「マイクロマネジメント」（微に入り細に入り現場に指示を出して管理しようとする姿勢）を強化してきた。補助金に対する誘惑もあって、大学は文科省のいうことを聞かざるをえないが、そもそも政府は教育に対して投資しているのだろうか。

そこで、日本における教育機関への公的支出の状況について確認する。小学校から大学までの教育機関への公的支出率（対ＧＤＰ比）をみると、ＯＥＣＤ加盟国のなかでも最下位である（図表14）。簡単にいえば、政府は教育に投資していない、ということである。では、誰が教育費を負担しているのか。高等教育の場合をみると、丸山文裕（二〇〇九）が明らかにしているように、政府負担よりも家計負担のほうが多い（図表15）。

一九八三年までは政府負担が家計負担を上回っていたが、八四年にはこれが逆転し、その後、一貫して家計負担のほうが高くなっている。これをみると、少なくとも教育に関して、日本は「小さな政府」であるといえる。

佐藤郁哉（二〇一八）は、日本における教育に対する公的支出の少なさを意識しながら、高等教育政策の特徴を「過剰期待と過少支援」と表現している。大学は各方面（とりわけ産業界）から過大ともいえる大きな期待をかけられる一方で、それに応えられるだけの公的支援が提供されてこなかった。科学技術関係予算の推移（二〇〇〇年から一八年）をみても、中国が一三倍以上、韓国が五倍以上の伸びを示すのに対して、日本はわずかに一五％程度の増額にすぎない（文部科学省二〇一八）。佐藤（二〇一八）の言葉をかりれば、「口は出すがカネは出さない」というのが日本の高等教育政策の特徴である。まさに、「小さな政府」の「大きな介入」といえる。

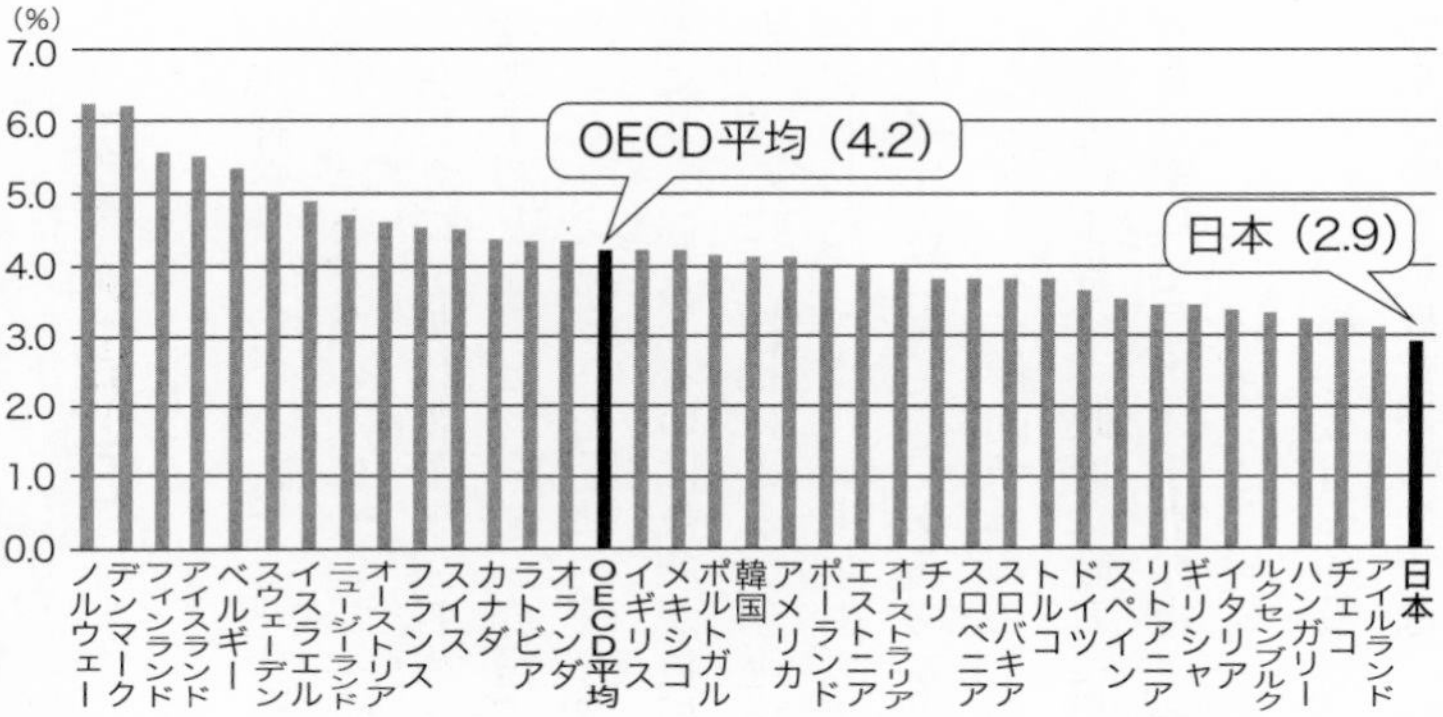

出典：OECD 2018 より作成

図表 14　教育機関への公的支出割合（対 GDP 比）

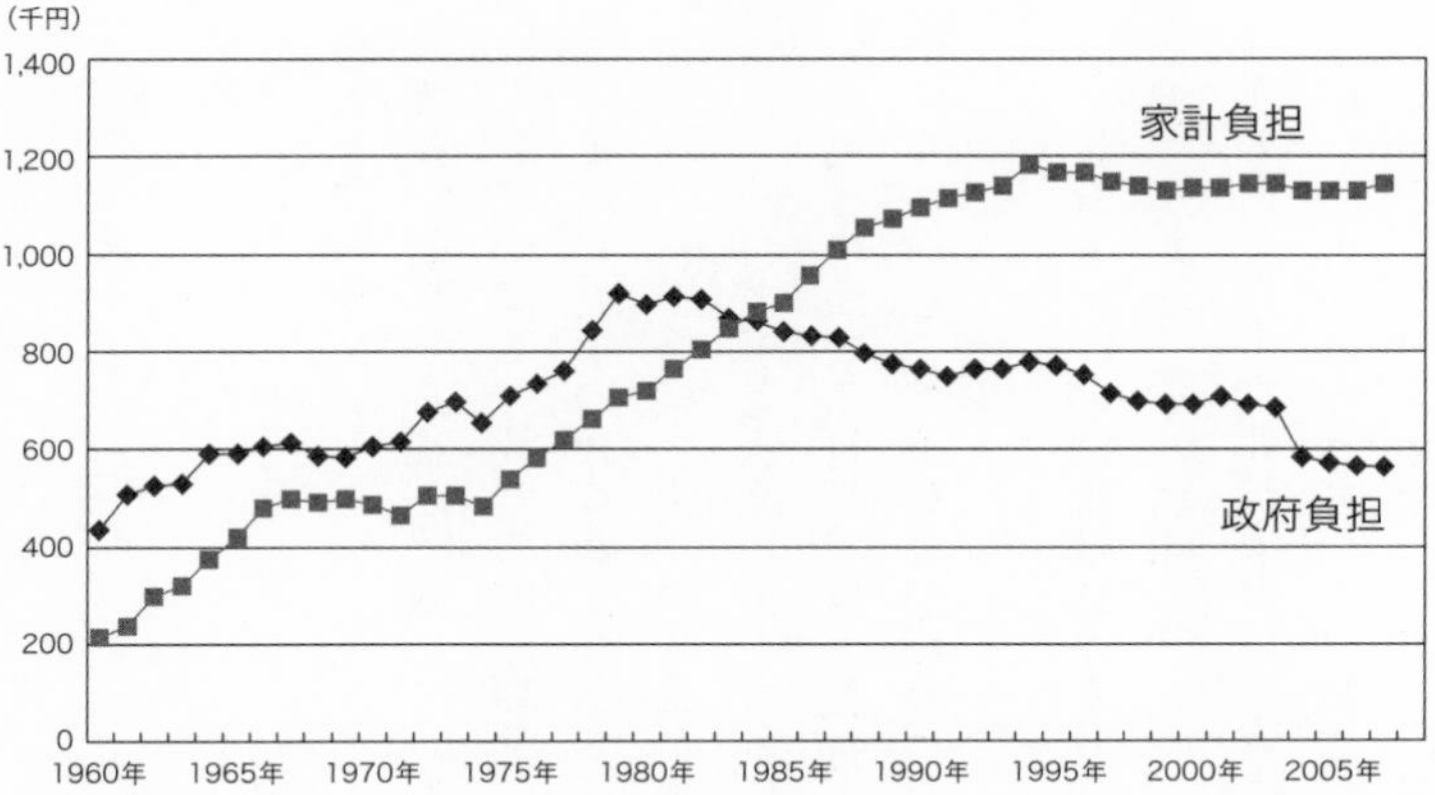

出典：丸山 2009 より

図表 15　学生１人あたりの高等教育費負担：2008 年価格

「教育劣位社会」

矢野ら（二〇一六）は、日本が教育熱心な国であるにもかかわらず、教育に対する公的支出が少ないのはなぜなのかについて、世論の側面から分析している。

矢野らの分析によると、日本人の意識として、教育は重要であると認識しているものの、税金を投入するとなると、医療・介護、年金、雇用の優先順位が高く、教育の優先順位は低いという。このような状況を、矢野は「教育劣位社会」と呼ぶ。また、大学の教育費については、社会が負担するよりも個人あるいは家族が負担すべきであるとする「家族負担主義」の意見が強いことがわかった。さらに、増税による大学進学機会の確保については、当事者意識によって意見が分かれることが判明した。つまり、中学生以下の子どもあるいは高校生がいる世帯では、教育への税金の投入に対して比較的肯定的であるのに対して、子どもがいないあるいは子育てが終わった世帯では否定的にとらえられる傾向があることがわかった。

前述のように、政府は教育に投資しないという「教育劣位」の財政構造があり、国民にとって教育費は家族で負担するものだという「家族負担主義」がある。その意味で、政府と国民が「意図せざる結託」（矢野ほか二〇一六）をすることで、日本の高等教育が維持されてきたといえる。

ところが、高等教育への投資は、数字上、割がいいことがわかっている。教育に関わる経済的側面を研究する教育経済学では、教育の経済的効果を測る指標のひとつとして「収益率」が使われる。

図表16　高等教育の収益率

	社会的収益率（%）		私的収益率（%）	
	男性	女性	男性	女性
日本	10	13	10	3
OECD 平均	10	8	14	16

出典：OECD 2018より作成

これは、教育をひとつの投資と考え、投資に対してどれくらいの利益率があるかを示すもので、市場の利子率と比較して、それを上回ればひとまず収益があると判断できる。OECDの統計（OECD二〇一八）によると、日本の高等教育の収益率は図表16のようになる。

ここでいう「社会的収益率」とは、社会（公的投資）からみた費用対効果をさし、「私的収益率」は個人からみた費用対効果をさす。社会的収益率は、男性がOECD平均と同じ、女性は平均を上回っている。いずれの場合も、市場の利子率を考えると、割のいい投資といえる。「社会的収益率＞私的収益率」という構図は、家計の負担が大きいぶん、それほど大きなリターンを期待できない一方で、政府は少ない負担で比較的大きなリターンを得ているということをあらわす。まさに、政府は「家族負担主義」に便乗していることになる。

矢野（二〇〇九）は、大卒者が生涯におさめる税金は、高卒者のそれよりも一六〇〇万円ほど多くなると試算している。（あくまでも平均値だが）大学・大学院卒と高卒の生涯賃金の差は約七七〇〇万円（二〇一六年度基準、労働政策研究・研修機構二〇一八）であるから、当然、この差額は税収に反映される。そう考えれば、「大学に税金を投入するのは、合理的な公共投資」（矢野二〇〇九）である。また矢野は、高等教育に対する投資が生

	社会のため（皆のため）	個人のため（自分のため）
貨幣的	税金収入の増加 生産性の向上 政府支出依存の縮減	高い所得 雇用 仕事条件の改善
非貨幣的	犯罪率の減少 市民生活の向上 社会的凝集性	健康の改善 生活の質の向上 レジャーの多様化

出典：矢野 2009 より

図表 17　教育効果の多元性と複合性

む教育効果を図表17のようにまとめ、それぞれの効果を相互作用的にみる必要があるという。

数字上、高等教育への投資は有利であるといえるが、政策はその方向には動かないだろう。序章で論じた「大学過剰論・大学無用論・大学不要論」が重苦しい「空気」として日本社会に漂っているかぎりは、高等教育への投資は難しい。

反面教師ではなくなった韓国社会

文科省の慢性改革病やマイクロマネジメントの傾向をみると、お隣の国、韓国の高等教育政策を模倣しているのではないかと疑いたくなる。日韓関係の悪化からか、K-POPアイドルの情報と文在寅《ムンジェイン》政権のニュースをのぞけば、韓国の社会情勢について伝えられることが少なくなった。また、韓国の高等教育に関する研究成果や比較的最近のレポート（小川・姜二〇一八）もあるが、一部の教育関係者をのぞいて、一般にはあまり知られていない。

筆者は、韓国の宗教文化の研究や韓国企業のフィールドワークをしてきた。その意味では韓国の高等教育の専門家ではないが、韓国社会を理解するためには、教育システムについての理解が不可欠である。これまで、韓国の大学改革を横目でみながら、日本の反面教師としてとらえてきたが、もはや反面教師ではなくなったようだ。そこで、韓国の大学改革について簡単に紹介する。

韓国教育開発院の統計によると、大学院等を含む韓国の高等教育機関は全部で四三〇校ある（二〇一八年四月一日現在）。そのうち「一般大学」と呼ばれる四年制大学が一九一校、教育大学が一〇校、「専門大学」と呼ばれる、二・三年制の職業教育に重点をおいた大学が一三七校ある。一般大学の約八割、専門大学の約九割が私立である。韓国でも一八歳人口の減少は深刻であり、教育部（日本でいう文科省）の発表では、二〇一九年に大学入学をむかえる高校三年生の数は約五七万人、二〇二三年には約四〇万人まで減少するという。また二〇二三年には、現状の大学入学定員が維持されると仮定すると、高校卒業者の数が大学入学定員を一六万人下回る（つまり定員割れがおこる）と予測されている。そこで、二〇一四年、韓国政府は、二〇二三年までに一六万人の大学入学定員を段階的に削減する方針を発表した。このような状況のなかで、日本の高等教育政策を占う意味で注目したいのが、韓国における「アメとムチの補助金政策」と「政府による大学評価」である。

補助金政策にアメとムチがともなうことは日本も同じだが、韓国の場合、そのやりかたはかなり過激である。大学界にかつてないほどの大きな衝撃をもたらしたのは、二〇一六年にはじまった「産業連携教育活性化先導大学」事業（通称「プライム事業」）である。その予算規模の大きさ（単年度で約二〇〇億円、三年間で約六〇〇億円）だけではなく、一挙に大規模な定員調整（削減と移動）が行われ、それに付随する大学の組織改編があるという意味では、「壇君以来最大の大学支援事業」と呼ばれたのもうなずける。「壇君《たんぐん》」とは、韓国を建国したとされる伝説上の人物で、プライム事業が、韓国建国以来で最大級の大学支援事業であるという意味が込められている（ちなみに、韓国で最古の大学とされるのは、一三九八年に開学された成均館大学である）。一六年の選定校は二一大学で、申請区分等によって補助金の支給額は異なるが、一大学につき、日本円で億単位の補助金が支給された。

この事業の趣旨をひとことでいえば、産業界のニーズに大学の学部構成や専攻分野がマッチしていないため、そのニーズに対応した大学組織の改編、定員調整と学生の育成を自発的に行う大学を支援する、ということである。どこかで聞いたようなセリフである。選定校の取り組みをみると、大学の約半数は人文社会系の定員を削減し、約九割が工学分野の定員を増やすものだった。また、重点分野でも、エネルギー関連産業や電気自動車など、理工系の融合・複合分野と新産業分野が目立った（韓国大学新聞、二〇一六年五月三日）。これだけ大規模な組織改編をすれば、当然、現場にしわ寄せがくる。申請前から、申請予定の大学のなかには、教職員・学生が抗議行動をする大学もあった。その理由は、申請に対する学内合意が不十分であることや、就職率や産業界のニーズを気にするあまり、理工系偏重、非理工系・基礎学問軽視の申請内容になっている、というものだった。名門女子大である梨花女子大では、プライム事業申請前から、座り込みをはじめとした学生の抗議運動が起こった。正門には、葬儀で置かれる「謹弔」の花輪が並べられ、ツイッターでは、「#STOP_PRIME_EWHA」（EWHAは梨花の英語名）のハッシュタグがつけられたツィートとともに、図表18のような画像が拡散された。これは、葬儀の告知を模したもので、「三月三一日　梨花は死んだ」と書かれている（この日はプライム事業の申請書提出締切日）。

アメとムチの補助金政策とともに注目されるのが、政府による大学評価である。朴槿恵《パククネ》政権（二〇一三〜一七年）では、「大学構造改革」と呼ばれる改革が実施された。その基本方針は、大学評価にもとづいて大幅な定員削減を断行し、経営不振の大学に対する解散命令と大学による自主的な解散を円滑に進めるための法的・制度的基盤を整備する、というものである。もちろん、大学の特性化と教育の質向上という要素も含まれてはいるが、計画の中心は、やはり定員一六万人の削減である。「大学構造改革評価」と呼ばれる大学評価の項目は多岐にわたり、評価点にもとづいて大学がA〜Eの五ランクに分けられ、ランク別の大学名を明記した評価結果が公表された。D・Eランクになると、大幅な定員削減を要求され、政府の財政支援事業に申請すること自体が制限される。それだけではなく、D・Eランクの大学の学生は、韓国奨学財団（日本の日本学生支援機構に相当）の奨学金や学生ローンが受けられない、あるいは制限されるなどの不利益を受けることになる。

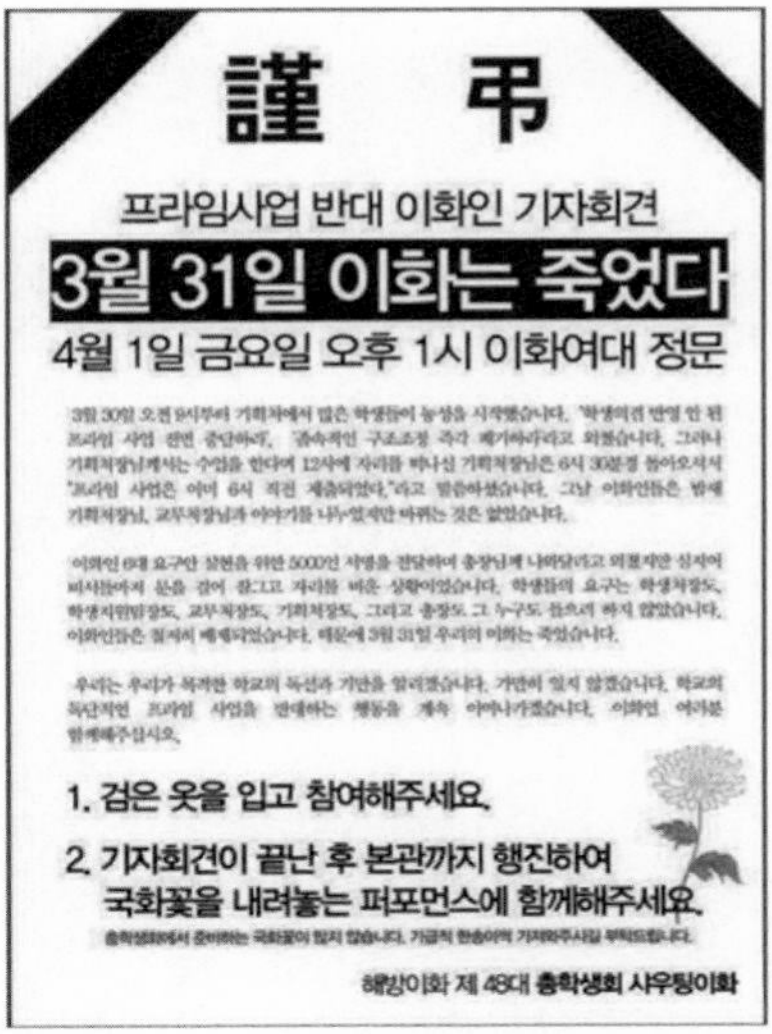

図表18　梨花女子大の「葬儀告知文」

ちなみに、大学評価と奨学金・学生ローン

の制限を連動させる政策は李明博《イミョンバク》政権（二〇〇八～一三年）からはじまっているが、大学評価と定員削減を明確に連動させてはいなかった。李政権時代、大学評価の結果に応じて、下位大学は「財政支援制限大学→学生ローン制限大学→経営不振大学」の順に分類された。これらの名称が長いため、メディアは一括して「不実大学」と呼ぶようになった。直訳すれば「不実大学」だが、ニュアンスとしては「水準に達していない大学」をさす。財政支援や学生ローンの制限対象になったからといって、すぐさま廃校になるわけではないが、一度「不実大学」のレッテルを貼られると、世間の評価が著しく失墜することになる。それだけに、評価方法が公正かつ適切なものなのかについては、さまざまな疑問が呈されてきた。事実、李政権と朴政権のもとで実施された大学評価の結果、いくつもの大学が廃校になっている。ただし、韓国の大学には、いわゆる「オーナー大学」が多く、ワンマン経営によって経営不振に陥ったすえに廃校になった大学もある。なお、朴政権下の「大学構造改革評価」は、文政権（二〇一七年～）では「大学基本能力診断評価」と名前をかえ、五ランクの評価が「自律改善大学」、「能力強化大学」、「財政支援制限大学（類型Ⅰ、類型Ⅱ）」の三区分に変更されている。そして、おおむね六割の大学を一定水準以上として評価する「自律改善大学」に選定している。

ここまで韓国の大学改革について簡単にみてきたが、「アメとムチの補助金政策」と「政府による大学評価」をみるにつけ、日本の高等教育政策との類似性がみえてくる。大学評価と奨学金・学生ローンの制限との連動などは、日本における大学教育無償化と無償化対象大学の選別にも似ている。この政策は学生を経済的に支援するのが目的であるが、大学のほうを選別しようというのだから筋が通らない。しかも、選定要件のなかには、実務経験のある教員による授業や産業界の学外理事など、本来の趣旨とは何の関係もないものが「こっそり」と入れられていた。大学側は、対象大学から外されれば、韓国的にいえば「不実大学」のレッテルを貼られるわけであるから、必死で条件を整えようとした。

韓国の大学改革を、（好ましくない意味での）「先進事例」としてみれば、日本の高等教育政策の近未来がみえてくる。大学が情報公開をすすめることは重要であるが、「大学ポートレート」（https://portraits.niad.ac.jp）をはじめとする大学の公開情報をもとに、大学の評価がスコア化され、ランクづけられて、それをもとに私学助成の減額や定員削減勧告までされることは、決して絵空事ではない。すでに、入学定員管理の厳格化と私学助成は連動している。その意味では、一八歳人口の減少に連動して入学定員を削減する政策が、もうすぐそこまできている。これは、社会情勢にあわせて年金給付額を調整する「マクロ経済スライド」ならぬ、大学入学定員の「人口減少スライド」といえる。

文科省の慢性改革病、マイクロマネジメント、数字であらわされるものでしか評価されないエビデンス病という傾向をみると、中国で普及しはじめている「信用スコア」（個人の信用力を数値化したもの）にならって、大学版「信用スコア」のようなものが登場してもおかしくない。大学入試改革では、「一点刻み」の評価からの脱却が目指されているが、大学に対する評価は、逆に「一点刻み」の評価が強化されているようにもみえる。たとえば、入学定員管理の厳格化は、まさにその例である。

第五章　大学経営の虚像と実像

あらためて「大学経営」とは

大学を客船にたとえるならば、大海原は社会、航海は教育という事業にあたる。船の所有者は法人であり、乗客（学生）を安全に目的地（実社会）まで届けるのが、船長たる学長の役割である。船長の命令のもと、航海するには乗組員（教職員）と燃料や食料（資金）が必要となる。そして、航路からはずれることなく船を目的地に導く星は、建学の精神やミッションにあたる。航海の諸活動（大学の諸活動）を数量的に測定して報告するのが会計である。これにより、航海（事業）の健全性が判断できる。航海（事業）を継続するためには、利益をあげ続けなければならない。その意味で、会計は船の羅針盤の役割を果たす。「泥船に乗る」という言葉があるが、大学倒産時代をむかえたいま、大学という事業体を船にたとえるのは、あながちまちがいではないだろう。

一般に、「経営＝金もうけ」と考えられがちである。たしかに利益は重要であるが、それ自体が目的なのではなく、ピーター・F・ドラッカー（二〇〇六）がいうように、利益は事業を存続させるための条件と考えたほうがよい。では、「経営」をどうとらえるべきか。日置弘一郎（二〇〇〇）は、経営学を「社会システムの管理・運営」に関する学問としてとらえているが、これにしたがえば、「経営」とは「特定の目的にむけた組織・集団の管理・運営」ということになる。当然、ここでいう「目的」は、「利潤の追求」とは別のものである。大学の経営でいえば、その目的は、各大学の建学の精神や教育理念にもとづいた教育研究上の目的として定められているはずだ。したがって、「大学経営」とは「教育研究上の目的にむけた大学組織の管理・運営」のことであり、大学が財政的に潤うことだけをさすわけではない。とはいえ、財政的基盤が安定しないと教育研究も成立しないから、きれいごとをいっている余裕はない。

大学が経営不振になると、財政再建のために、外部から企業経営の経験者が経営者（理事長）として起用される場合がある。ただし、「シロウトが大学を経営するから失敗するのだ。経営はプロにまかせておけ」といわんばかりに乗りこんできた元企業経営者が、大学経営でかならずしも成功するとはかぎらない。

そこで本章では、大学経営に関する虚像と実像について論じる。大学の経営論については、理事長や学長のリーダーシップ、ビジョンの策定と浸透、財務、教職員の育成と人事、学生募集戦略などについて書かれた事例集・ハンドブックや、理事長や学長の体験談が書かれた本が多く出版されている。しかし、ここでは筆者自身の経験もふまえて、「泥臭い」現場の視点から大学経営について語りたい。

残念な大学経営者像

経営不振の大学に理事長として招かれた企業人には、心底から同情する。懇願され、意気に感じて引き受けたものの、それまでの理事長のツケが自分にまわってくるのだから、やりきれないこともよくわかる。これは学長とて同じで、前学長までのツケが全部自分にまわってくる。

しかし、本当に共感できる経営者かどうかは、その後の管理・運営のやり方にかかっている。企業経営と大学経営は、組織・集団の管理・運営という意味では共通の部分もあるが、収益構造や市場構造をはじめ異なる部分も多く、そのことをどれだけ経営者が理解しているかが重要である。

大学の運営方法に対して苦言が呈される際、「普通の企業だったら」という枕詞をよく聞く。このように、マジョリティである企業のものさしで非営利組織をみようとする思考を、出口正之（二〇一八）は、「ビジネスセントリズム」（あるいは企業中心主義的思考）と呼んでいる。たしかに、全産業の従業員数が約五七〇〇万人（平成二八年経済センサス、経済産業省）とすれば、全国の国公私立大学に勤務する本務・兼務教員と本務教職員をあわせても約六三万人（学校基本調査 平成三〇年、文部科学省）だから、大学業界の人口は一％程度にすぎない圧倒的なマイノリティである。多勢に無勢で、発言力という意味では大学人にとって分が悪いが、これは数の問題ではない。いずれにせよ、ビジネスセントリズムがぬけないうちは、大学経営者として成功することは難しいだろう。

ところが、ビジネスセントリズムにもとづく大学経営者の言動は、枚挙にいとまがない。たとえば、教員養成学部や管理栄養士等を養成する学部の学生募集が好調であることを理由に、学部の入学定員を二倍にするように指示した経営者を知っている。つまり、「もうけられるのなら、もっともうければよいではないか」という発想である。ところが、これらの学部は、文科省や厚労省によって特に厳格に定員管理されており、気まぐれに定員を増やすわけにはいかない。また、財政難を理由に、退職教員の後任者を補充しない方針を出した経営者がいる。人件費を削減できるよい機会だ、という発想だろう。しかし、大学の設置を認可する基準である「大学設置基準」には、最低基準として置かなければならない教員基準数が定められている。この大学では、数年間、その基準を下回っていただけではなく、この経営者は「基準数」の存在自体を知らなかったという。さらに、理事長に就任して何年たっても、「私は大学のことをよく知らないので」と公言する経営者もいる。知識がなければ人に聞くか学べばよいだけのことである。もし、ある企業の経営者が異なる業界に参入する場合、当然、その業界のことを知ろうとするはずである。そう考えると、「大学のことをよく知らない」と公言した経営者は、大学経営者である前に、経営者として失格であるといわざるをえない。もちろん、大学についての知識がない経営者に、知恵を授けなかったまわりの部下にも責任がある。

「残念な」大学経営者像は、これだけではない。大学が財政難であることを強調するあまり、株主総会よろしく教職員に財務状況のグラフばかり見せつけ、「危機感を持て！」「意識改革せよ！」と連呼する経営者もいる。教職員が大学の財務状況を知っていることは重要だが、「危機感」や「意識改革」という言葉を連呼されると、心理学でいう「馴化《じゅんか》」がおこる。馴化とは、同じ刺激を繰り返し感じるうちに、その刺激に対する反応が薄れてしまうことである。つまり、教職員は「また危機感（あるいは意識改革）の話か」と拒否反応を示し、結局、危機感の醸成も意識改革もされにくくなる。

「精神論」よりも「仕組み」論

危機感や意識改革という言葉を連呼するような「精神論」を全面否定するつもりはないが、精神論だけで事態が好転すれば、そんな簡単なことはない。精神論よりも重要なのは「仕組み論」である。つまり、精神論で教職員を圧迫するのではなく、「仕組み」を変えることで教職員の行動様式を変えることである。松村真宏（二〇一六）は、「仕掛学」を提唱し、問題解決に資するように人間の行動をいざなうものを「仕掛け」と呼んでいる。ここでいう「仕組み」も、松村のいう「仕掛け」に近い。

そこで、筆者が帝塚山大学の学長在任中（二〇一一～一七年）に考えた仕組みについて紹介する。内輪の恥をさらすことになるが、すでに講演や文章（岩井二〇一四、二〇一六）で公表しているし、状況が大幅に改善されているので、紹介しても差し支えないだろう。

帝塚山大学（奈良県奈良市、一九六四年開学）は、二つのキャンパスに六学部九学科、約三六〇〇人の学生を擁する文系大学である。

二〇一一年、学長に就任して愕然としたのは、就職率が七〇％台前半を推移しており、その数字をホームページで公表するのもはばかられるような状況であったことだ。筆者が本学に着任したのは〇九年だが、外部からみるかぎり常に高い就職率を誇っているものと思い込んでいただけに、そのショックは大きかった。そこで、原因を解明すべく、キャリアセンターを中心に聞き取りを開始した。その結果、毎年、一二〇人程度の学生の進路が把握できず、そのために就職率の数値自体も向上しない、ということが判明した。残念ながら、このこと自体、大学が順風満帆だった時代の雰囲気からぬけだせない「平和ボケ」を象徴していた。当時の卒業者数は毎年約一〇〇〇人で、留学・進学等を除いて就職希望者は約八割強であるから、一二〇人もの進路不明者がいることは、きわめて恥ずべきことである。

もちろん、キャリアセンターが学生の動向把握を怠っていたわけではない。また、全学的に一教員が一五から一八名の学生を担当するアドバイザー制を導入していたから、各アドバイザーに自分の担当学生の進路を確認させればよいだけのことだ。しかし、上からの命令だけで状況が変わらなかったのだから、別の方策が必要となる。そこで一計を案じ、卒業予定者が学内のネットワークを経由して卒業証明書を申請する際、就職内定先等を入力しないと申請できない仕組みをつくった。その結果、高い精度で学生の動向が把握でき、隠れていた就職内定者も明らかになることで、就職率は一気に九〇％台前半まで向上した（前年度比で約一八％増）。

この例は、学生の行動をうながす仕組みだが、なんらかの仕組みをつくることで状況を変えることができる、という意識が教職員のなかに生まれた。その後、学生による授業改善アンケート結果に対する、教員のコメントの回収率を高める工夫をはじめ、さまざまな仕組みが教職員から提案・

実施されていった。

繰り返しになるが、精神論を全面否定するつもりはないが、精神論には限界がある。大学経営には、やはり仕組み論の観点が必要である。

株式会社立大学の撤退をどうみるか

序章でもふれた「大学が多すぎる」という「大学過剰論」を背景にして、経営不振に陥る大学が目立つようになると、「シロウトが大学を経営するから失敗するのだ」という意見が企業人のあいだから出てくる。では、企業人が大学を経営すれば成功するのか。そこで、「株式会社立大学」を例にして考えてみる。

小泉純一郎政権の規制緩和策の一環として、二〇〇三年度から「構造特別改革区域」（構造改革特区）にかぎり、特定非営利活動法人および株式会社にも大学の設置が認められた。いわゆる「株式会社立大学」の登場である。構造改革特区とは、地域の活性化を目的として、従来の法規制では事業化できなかったような事業を特別に認める区域のことである。

株式会社立大学は、学校法人と異なり、私学助成や税制上の優遇がないというデメリットがある反面、校地・校舎を自己保有する必要がなく、株式公開によって資金調達することができるなど、比較的自由度の高い運営ができるメリットがあった。そのことから、勝算ありとして、さまざまな背景をもつ株式会社が大学業界に参入してきた（図表19）。

図表19　株式会社立大学・大学院一覧

設置年月	名称（設置会社）	備　　考
2004年4月	LEC東京リーガルマインド大学 （株式会社東京リーガルマインド）	2013年3月、学部廃止。 2005年設立の東京リーガルマインド大学院大学のみを運営。
2004年4月	デジタルハリウッド大学大学院 （デジタルハリウッド株式会社）	2005年、学部を設置し、デジタルハリウッド大学に改称。
2005年4月	ビジネス・ブレークスルー大学院大学 （株式会社ビジネス・ブレークスルー）	現在、ビジネス・ブレークスルー大学大学院。2010年、ビジネス・ブレークスルー大学経営学部開学。
2006年4月	グロービス経営大学院大学 （株式会社グロービス）	2008年、設置者を学校法人グロービス経営大学院大学に変更し、学校法人化。
2006年4月	日本教育大学院大学 （株式会社栄光）	2014年、設置者を学校法人国際学園に変更。2017年、星槎大学と統合。
2006年4月	LCA大学院大学 （株式会社LCA-I）	2010年、廃止。
2007年4月	サイバー大学 （株式会社日本サイバー教育研究所）	2014年、設置者をサイバーユニバーシティ株式会社に改称。2019年、設置者を株式会社サイバー大学に変更。
計画中止	TAC大学院大学 （TAC株式会社）	2006年4月、開学予定。
計画中止	WAO大学院大学 （ワオ・コーポレーション）	2006年4月、開学予定。

しかし、その結果は厳しいもので、計画段階で設置を断念する大学、学生が集まらず廃学となったもの、さらには株式会社立から学校法人に変更した大学などがある。株式会社立大学のなかには、法令違反があるとして文科省から厳重注意や改善勧告を受けた大学や、大学認証評価で「不適合」とされた大学もある。現存する株式会社立大学は、東京リーガルマインド大学院大学、デジタルハリウッド大学、ビジネス・ブレークスルー大学、サイバー大学の四校のみである。

川崎成一（二〇一二）は、株式会社立大学の経営形態に着目し、株式公開企業が運営する「株式公開本体型」、株式公開企業の子会社が運営する「株式公開子会社型」、そして株式非公開企業が運営する「株式非公開型」の三つに分類したうえで、大学の「安定性」と「継続性」について分析している。

それによると、「株式公開本体型」では、株式公開により資金調達し、財政基盤を安定化させることも可能であるが、収益を教育に再投資していく好循環構造をつくる必要がある。また「株式公開子会社型」では、親会社の資金的なバックアップがあるうちはよいが、親会社の業績低迷により子会社の株式が売却されれば、大学の規模縮小や閉鎖に直結する可能性がある。さらに「株式非公開型」では、親会社の資金的な後ろ盾を失えば、すぐさま大学の存続が危ぶまれることになる。

安定性と継続性を考えた場合、いずれの株式会社立大学においても、私学助成が期待できない分、学生生徒等納付金（授業料、入学金等）が重要な収入源になる。その意味で、学校法人以上に、恒常的な入学定員充足を実現する必要がある。しかし、多くの株式会社立大学では、大学経営の前提となる学生募集で低迷していた。私立大学法人の教育活動収支（本業の教育活動に関わる収支状況）

の収入のうち、約七割が学生生徒等納付金、約一割が経常費補助金（いわゆる私学助成）である。しかも、もっとも大きな収入である学生生徒等納付金は、年に一回しか入らない。企業のように、新製品を売り出せば収入がある、というものではない。このことが、企業と学校法人の収益構造の根本的な違いである。

また、私学助成の有無が、株式会社立大学が撤退した決定的な理由とはいえないものの、財政基盤における私学助成の重要性があらためて認識されたといえる。経営母体を学校法人化した株式会社立大学は、私学助成の恩恵を少なからず受けているはずだ。このことは、序章で投げかけた「私学助成がなければ私立大学はどうなるのか」という問いに呼応する。

さて、株式会社立大学の撤退をみて、「教育の世界にビジネスの論理を持ち込んだから失敗したのだ」と、鬼の首でもとったかのように、いささか感情的に批判する大学人もいた。ここでいう「ビジネスの論理」とは、おそらく「金もうけを目的とする企業の論理」を意味する。「教育は金もうけではない」といいたいのだろう。この批判を別の角度からみれば、「シロウトが大学を経営するから失敗するのだ」という考えを、企業人のおごりとして嘲笑するものともいえる。

しかし、筆者の考えは少し違う。撤退した株式会社立大学は、「金もうけ」の論理を持ち込んだかどうかに関係なく、それ以前に大学という市場で経営に失敗しただけのことである。つまり、別の企業経営者が別の方法で経営していたら、成功していた可能性は否定できない（ただし、あまりうまみのない市場といえるが）。新しい市場に参入するには、市場構造や収益構造あるいはビジネスモデルについての十分な理解が必要である。しかし、多くの株式会社立大学の経営者たちは、そのことを理解していなかったと考えられる。オレンジ農家が、同じ果物の栽培（経営）だからといってリンゴ栽培に参入しても、栽培方法（収益構造）や栽培土壌（市場構造）はまったく異なっていた、ということだろう。

あたりまえのことだが、成功する経営者がいれば失敗する経営者もいる。そう考えると、「シロウトが大学を経営するから失敗するのだ。経営はプロにまかせておけ」というのが、おかしな理屈であることがわかる。企業経営のプロでも企業の経営に失敗するのであるから、その「プロ」と自認する人間が大学経営をしたからといって、成功するとはかぎらないのである。重要なのは、大学人か企業人かといった「誰が経営するか」ではなく、「どう経営するか」である。

「雇われ学長」の憂鬱

学校法人の理事長とともに経営にたずさわる重要な役職は、いうまでもなく学長である。とはいえ、学長が大学経営で辣腕をふるえるかというと、かならずしもそうではない。理事長が学長を兼任する「理事長学長」ならまだしも、多くの場合、法人のトップは理事長、大学のトップは学長という体制であるから、学長は理事長と教職員の板挟みになる損な役回りである。このようにいうと、いわゆる「大学ガバナンス改革」で学長の権限が強化されたではないか、との意見もあるだろう。しかし、特に私立大学において、学長の権限が本当に強化されたといえるのだろうか。

そこで、「大学ガバナンス改革」なるものについて簡単に紹介しておく。中教審大学分科会がまとめた「大学のガバナンス改革の推進について（審議まとめ）」（二〇一四年二月）の「はじめに」から、その趣旨を抜粋すると次のようになる。

最近一〇年あまりは、（中略）多くの大学が、学長のリーダーシップの下で様々な大学改革に取り組んできた。しかしながら、**このような改革に取り組む大学の姿は、必ずしも社会に対して十分に伝わっているとは言えない。**また、大学はわが国の発展の源泉であり、知識基盤社会をリードしていくことが求められていることから、**より一層の大学改革を求める声も大きい。**（中略）更なる大学改革を進める上で、大学のガバナンスの在り方について、様々な問題が提起されるようになっている。すなわち、**大学の意思決定過程を外部から見た場合、権限と責任の所在が不明確ではないか、大学として意思決定するまでに時間がかかり過ぎるのではないか、といった疑問が、社会の各方面から寄せられ、**学長がリーダーシップを発揮して、**機動的な大学改革を進めていくことを期待する声が出されている。**（太字は筆者）

ここには、序章でふれた苅谷のいう「大学性悪説」が行間に読み取れる（特に太字部分）。このような発想にもとづいて、「学校教育法及び国立大学法人法の一部を改正する法律」（二〇一五年四月一日施行）が施行された。

私立大学にとって重要なのは、学校教育法の一部改正である。この改正でもっとも注目されたのが、教授会の位置づけである。改正前、教授会は「重要な事項を審議する」ためのもので、大きな権限をもっていた。しかし改正後は、「学生の入学、卒業及び課程の修了」「学位の授与」「教育研究に関する重要な事項で、教授会の意見を聴くことが必要なものとして学長が定めるもの」などについて、学長が「決定を行うに当たり意見を述べる」だけの存在になった。

この改正は、学長の権限を強化するものとして、大学の現場では危機感をもって受け入れられた。その理由は、ひとつには教授会がもっていた権限をはく奪されることで、「学部の自治」が侵されるとの危機感からである。いまひとつは、良識のない人間（＝「変人」や「独裁者」）が学長になって強い権限をもつことに対する危機感からである。前者については次節でふれるが、後者について、多くの私立大学において権限が強化されるのは、実は学長ではなく理事長であることを見逃してはならない。

実質的な経営権がない「雇われ店長」ならぬ「雇われ学長」の経験がある筆者にいわせれば、いくら学長の権限が強化されたといっても、お金と実質的経営権を握るのは理事長であり、結局、学長は理事長のいうことを聞かざるをえない。学長の暴走を心配する前に、理事長の権限強化を心配したほうがよい。

「雇われ学長」は憂鬱である。法律上、教職員からは権限があるようにみられながらも、自分の描くビジョンをなかなか実現できないことが多い。まるで、財務省の顔色をうかがう文科省のようである。

とはいえ、明るい話題もある。最近、四〇代から五〇代前半の学長が目立つようになってきた。史上最年少の学長は、オーナー大学の経営者一族の出身だったと記憶しているが、オーナー大学以外の大学からも若手学長が出てくるようになった。一般に、定年前の教授が、いわば「大学人生双六《すごろく》」の「上がり」として、名誉職のように学長になることが多い。筆者は四九歳で学長に就任したが、学長退任後、大枚の退職金をもらって悠々自適の生活を送っていると勘違いされていたぐらいだから、世間のイメージは「学長＝『上がり』の職」ということなのだろう。

この「上がり」学長のなかには、大学改革に成功した学長もいるが、波風立てずに任期を終えて退職する学長も少なくない。これは、かならずしも「上がり」学長にやる気がないわけではない。退職前に失敗のリスクをおかしてまで、わざわざ大胆な改革をしようとしないのは、きわめて合理的な選択である。

その意味で、若手学長が目立つようになったことは、生き残りをかけた大学の本気度を示すものであり、おおいに歓迎すべきである。

部分最適・全体崩壊

誰もが、上や外部から、とやかくいわれるのは嫌なものである。大学人も、「大学の自治」と「学部の自治」を強調する。

「大学の自治」は、大学が国家権力やその他の外的な干渉を受けずに、教育研究に関する自律的な権限をもつことを意味するが、これについてはもはや悲観的な状況にある。これまでも述べてきたように、国立大学はいうにおよばず、私立大学においても、教育行政によって教育研究のありかたは、直接的・間接的に干渉を受けている。

「学部の自治」は、経営側（理事長や学長）から学部の運営に関して干渉を受けず、教授会に決定権があることを意味する。端的にいうと、「教授会の自治」である。前述の「大学ガバナンス改革」において、多くの大学人が危機感を抱いたのも、まさに教授会の権限がはく奪されることについてだった。

「自治」という考えには、外部からの干渉を受けないことと、自らを律することの二つが不可分のものとして含まれているはずである。ところが、「学部の自治」という場合、前者のみが強調されることが多く、後者については軽視される、あるいはうまく機能しない傾向がある。たとえば、良識ある大学人が多い反面、「学部の自治」と「自分勝手」を混同している大学人も皆無ではない。具体的には、学部内あるいは個別科目でしか通用しないさまざまなルール（ローカル・ルール）をつくり、大学全体としての整合性がとれなくなり、その結果、学生までもが不利益をこうむるような例があげられる。また、さまざまなハラスメントの存在を学部内で認めながらも、事実認定やそれにもとづく処分を適切に行わなかった事例も報道されている。

このように、自らを律する機能が低下すると、学部内の相互不干渉と相互忖度（あるいは「かばいあい」）の風土が形成される。もとより大学教員は、自分たちのことを（いささか自虐的に）商店街の店主にたとえる向きがある。つまり、各教員が個人事業主で、商店街全体（学部や大学）の景気や業績には無関心で、自分の事業（教育研究）のことだけ考える傾向がある。このような、相互不干渉・相互忖度の風土と個人事業主の気質、さらには学部自治の考えが合わさると、学部外に対して厳しく、学部内に対してゆるい、という体質ができあがる。これは、大学経営にとって憂慮すべき事態である。

たとえば、こんな事例がある。複数学部をもつ中規模大学で、一部の学部で定員割れが続き、その影響で経営状況が悪化した。経営者は、大学全体に対して一律に予算削減を要求した。学生募集が順調だった一部の学部は、「定員充足している自分たちの学部までもが予算削減されるのはおかしい」と主張した。ここまでならまだわかる。しかし、そう主張する学部のなかには、「こんな事態になったのは定員割れを起こした学部の責任であるから、その学部を廃止せよ」とまで経営者に訴えるものもあった。社会の変化やさまざまな事情で、もし自分の学部が定員割れになったら、いったいどう言い訳するのだろうか。

自分の学部さえよければいいという「部分最適」の考えは、大学の「全体最適」につながることはなく、むしろ「全体崩壊」を引き起こす。そうなれば、結局、誰も幸せになれない。大学自体が立ちいかなくなれば、「学部の自治」も成立しえないのであるから、経営者と教職員の双方にとって、大学の全体と部分を意識した管理・運営が必要となる。

教育と研究のあらたな関係

「学部の自治」とともに、大学教員にとって重要な関心事のひとつは、教育と研究のバランスである。たしかに、学校教育法の第八三条にも、大学の目的として「広く知識を授けるとともに、深く専門の学芸を教授研究」することがあげられているから、教育と研究は表裏一体だという理念がある。

では、この考えはどこからきたのか。一般には、「研究を通じての教育」あるいは「研究と教育の統一」を中心とした、ヴィルヘルム・フォン・フンボルトが提唱した「フンボルト理念」と呼ばれるものが、近代大学の基本的な理念となったとされている。ただし、これは後に創られた「神話」の可能性もあり、フンボルト自身が伝えたかった理念と「フンボルト理念」として定説化されているものとのあいだには隔たりがあるようだ（潮木二〇〇八）。いずれにせよ、一八一〇年にベルリン大学が創設され、後に「フンボルト理念」として定式化されたものにもとづき、学生を教育するだけではなく、研究することが大学教員の職務に加えられた。ということは、それ以前は、研究が大学教員の役割であるという共通理解はなかったということである。そして、新しい知識を発見するために、教員と学生がともに研究するというシステムが導入された。

その後、日本においても、その時々の状況に応じて「フンボルト理念」なるものが読みかえられ、ときには教授会の自治や研究の重要性を正当化するために利用される場合もあったと考えられる（潮木二〇〇八）。

教育と研究は表裏一体であるという大学人のなかには、「教育を重視するなら、研究も重視せよ」と主張するためのレトリックとして、この表現を使うものもいる。少し古いデータになるが、カーネギー教育振興財団による各国の大学教員を対象とした国際調査（一九九二〜九三年）でも、「教育と研究のどちらに重点を置くか」という質問に対して、日本の大学教員の七五％が教育よりも研究に関心があると答えている。これは、平均の五六%をはるかに超えており、日本の大学教員の研究指向性の高さをあらわしている（有本・江原一九九六）。もちろん、教育と研究の関係のとらえかたは分野や人によってさまざまであり、集合の関係を円の重なり方であらわす「ベン図」でいえば、教育をあらわす円と研究をあらわす円の重なりや、それぞれの円の大きさもさまざまである。とはいえ、経験的にみても、日本の大学教員はやはり研究を重視しているようにみえる。

では、「教育と研究は表裏一体」というとき、どう表裏一体なのだろうか。すぐに思い浮かぶ答えは、教員の研究成果が教育にも反映されるから表裏一体である、という理屈である。しかし、学問分野によってもばらつきがあるものの研究成果がすぐさま教育に反映されるという理想的な状況が、多くの大学で実現しているとは到底考えられない。最先端の研究成果を教えるとなると、学生側にもそれが理解できるだけの専門知識が必要である。また、教員が自分の専門分野そのものに関する科目を担当できるとはかぎらない。筆者自身、最初に大学で教えた科目は、コンピュータのプログラミングだった。「社会学専攻ならば、コンピュータを使って統計分析をするはずだ。だからプログラミングもできるだろう」というのが大学側の理屈だった。幸いにも、高校時代からプログラミングをやっていたおかげで、問題なく教えることができたが、当然ながら、すべての社会学者がプログラミングに精通しているわけではない。

それでは、「教育と研究は表裏一体」という理念は空虚で無意味なのだろうか。教育と研究の理想的な関係が成立するのは困難であるとしても、少なくとも二つの意味で、教育と研究をうまく関連させる可能性はある。

ひとつは、学問分野に関係なく、研究の手法や進め方は、学生に「学び方」を教えるのに役立つということである。もうひとつは、研究と教育が直接に結びつかなくても、研究を地域社会の問題解決に結びつけ、その活動に学生を参画させることを通して、間接的に研究と教育を結びつけることができる、ということである。

大学の授業で、学生が専門的知識を学ぶのはあたりまえだが、肝心のどう学び、どう考えるのか、という学問の基本については、あまり学ぶ機会がない。そこで、専門的知識について教える際にも、教員が実践してきた研究手法や思考方法を伝えることは重要である。これが、前者の研究と教育の結びつきであり、序章で紹介した「学び習慣」仮説や学生に「学ぶ習慣」をつけさせることとも関連する。

後者については、昨今、多くの大学で実践されているプロジェクト型学習と関連する。自然科学にかぎらず人文社会科学の研究成果も、地域社会の問題解決に役立つものとして、さまざまな産官学連携事業に活用されている。それらの事業は、単に教員個人と地域社会との連携だけではなく、大学や学生を巻き込んだプロジェクトへと発展することが多い。また、実践的な教育が求められている状況から、大学はそれを教育にうまく活用しようとする。その結果、教員の研究成果は、間接的に学生の教育にも反映されることになる。

このように、「教育と研究は表裏一体」という理念を研究の重要性を主張するためのレトリックとしてではなく、実質的な意味で考え直す必要があるだろう。

評価嫌いの大学教員

日本の大学教員の研究指向性が高いことはすでに述べた。では、教員は研究で成果をあげているのだろうか。もちろん、研究分野によって研究成果の評価方法は異なるが、私立大学にかぎってみても、研究費を削減する大学があったり、学内業務が増加したりして、研究にあてられる金銭的・時間的余裕がなくなってきたことも事実である。しかし、さまざまな制約から研究したくてもできない教員がいる一方で、時間的な余裕があっても研究しない教員がいることもまた事実である。

こんな例がある。学部長がある哲学の教授に、最近一〇年近く、まったく論文を発表していないことをそれとなく問いただしたそうである。教授の回答は、「原稿は私の頭のなかにある」というものだ。いうまでもなく、思想は表現されてはじめてかたちとなる。この手の話は、最初、都市伝説の類だと思っていた。しかし、ここ一〇年で少なくとも三、四大学の教員から同じような話を聞いているから、あながち冗談ではないのだろう。この教授の言い分は、「勉強しなさい！」と母親にしかられた子どもが、「いましようと思ってたのに」という言い訳とさほど変わらない。

これは極端な例だが、大学内でも教員の研究成果には、かなりのばらつきがあることが予想される。かつて国立民族学博物館館長だった梅棹忠夫（一九九〇）は、同館の教官全員について、一定期間における研究経費の総額を研究成果の総ページ数で割ることで、一ページあたりの費用を算出し、研究生産性を明らかにするという大胆な試みをした。つまり、研究成果が多ければ、ページあたりの生産単価は安くなり、逆に研究成果が少なければ、生産単価が高くなるわけである。その結果、平均値はページあたり一九万二〇三一円で、もっとも成果をあげた研究者は一万七七四円、それに対して、もっとも生産性の低い例はページあたり一五三万四二五六円だった。ちなみに、もっとも単価の高い、すなわち生産性の低い例をとりあげ、四〇〇字詰め原稿用紙一枚あたりの単価に換算すると約五一万円になり、文豪レベルの原稿料になることがわかった。

このような試みには、国民の税金でまかなわれている研究機関としての自覚をうながす意味もある。また梅棹は、これは研究成果をはかるためのひとつの指標にすぎず、決してページ数だけが多く、独創性が乏しいような論文を書くことをすすめているわけではないという。研究に専念できる研究機関でもこのような状況であるから、大学教員の研究成果については推して知るべしだ。

さて、教育研究や学内業務においても特に仕事量が多いわけでもないのに、同じ給料をもらっている教員に対して、不満をもつ教員も当然いる。といっても、前述の「学部の自治」にもとづいた相互不干渉・相互忖度の力学によって、それが表面化することはあまりない。さまざまな制約条件のなかで研究成果をあげている教員、教育や学内業務で大学に貢献している教員は、給与やその他の処遇に直接反映されなくても、表彰制度などを通じて評価されるべきである。そして、そのことが大学の運営にもプラスにはたらくはずである（太田二〇一一、二〇一三）。

ところが、大学教員は人から評価されることを極端に嫌う傾向がある。いまどき、なんらかのかたちで教員評価制度を導入していることはあたりまえだが、導入時には、多くの大学で反発があった。

たとえば、労働経済学の理論までもちだして、適正な人事評価がいかに困難であるかを力説する経済学者がいる。たしかに、企業でも労使双方に納得がいくような評価制度の確立が難しいように、大学においても適正な教員評価の実施には多くの課題がある。とはいえ、難しいから導入しないという論理には説得力がない。

また、学生による授業評価アンケートの結果を教員評価に反映させようとする大学もあるが、学生による評価は信用できない、との教員の反発は根強い。しかし、経年的にデータをみると、教員の先入観とは違い、意外に学生の意見は正直であることがわかる。というのは、上位二〇％と下位二〇％に位置する教員は、ある程度固定される傾向があるからだ。大学経営の立場からすると、すべての教員を評価するために、授業評価アンケートのデータを活用するのには無理がある。むしろ、上位の教員を表彰し、いつも下位で低迷している教員に改善を促すほうが効率的である。残りの六〇％の教員には、上位二〇％に入るように努力してもらえばよい。したがって、授業評価アンケートの結果を、すべての教員の評価に反映させるのではなく、上位と下位の二〇％を評価するために活用したほうが効果的であると考えられる。

教員評価の方法や、それを給与やその他の処遇にどう反映させるのかについては、多くの課題がある。しかし、課題があるという理由で導入に抵抗するのではなく、教員が正当に評価されるためにも、適正な評価制度の確立にむけて試行錯誤を重ねていくことのほうが重要である。

「選択と集中」という名の経費削減

本章では、企業経営者による大学経営、大学ガバナンス改革、学部の自治、教育と研究の関係、教員評価、などについて論じてきた。最後に、もう一度、話をビジネスセントリズムにもどす。

大学経営でよく使われるバズワードのひとつに「選択と集中」がある。文科省の政策文書までもが、さかんにこの言葉を使うようになった。「選択と集中」は、競争力のある事業を「選択」し、経営資源をそこに「集中」する経営手法を意味し、ゼネラル・エレクトリック（GE）社のCEO（最高経営責任者）だったジャック・ウェルチがとった経営戦略によって有名になった。日本では、一九九〇年代のバブル経済崩壊後、経営改革のキーワードとして「選択と集中」が注目されるようになった。

大学経営者のなかには、経営が苦しくなると、企業のまねをして「選択と集中」という言葉を使いたがる人がいる。何を「選択」してどこに「集中」したのかは、結局、明らかにされないままに、予算だけが削減されることが多い。このようなバズワードを使うと、あたかも経営者が本格的な改革に取り組んでいるようにみえてしまうから厄介である。もし、経営者がこの言葉をさかんに使うようになったら、教職員は、何を「選択」してどこに「集中」するのかを経営者に問うべきである。おそらく、明確に答えられる経営者はそれほど多くないだろう。

私立大学に関していえば、収入の多くは学生生徒等納付金に依存しており、収入に占める人件費の割合（人件費比率）は五〇％から六〇％である。この基本構造が変わらないとすれば、経営者が打つ手はそれほど多くない。経費削減といっても限界があるし、削減のしかたによっては、教育に支障が出る。賃金の切り下げは、合理的かつ正当な理由や労使の合意がなければ労働条件の不利益変更にあたるので、きわめて困難である。

いずれにしても、残念ながら万能薬はない。「法人格」の言葉のとおり、学校法人もそれぞれに「パーソナリティ」（人格）が異なる。生い立ちや環境も違うから、同じ改善策を適用しても、同じような効果がえられるとはかぎらない。薬の効き目に個人差があるのと同じだ。したがって、個別の状況にあわせて対策を考える必要がある。とはいえ、巧妙な方法で人件費を削減した事例もあり、いわば反面教師として紹介しておく。

たとえば、ボーナスの一部を教員評価制度に連動させた大学がある。評価の妥当性はともかくとして、評価に応じてボーナスが増減するから、一見、良い制度のようにみえる。しかし、よく考えると、評価に連動させたボーナスの総額と、以前のボーナスの総額が同じであるかどうかはわからない。たとえ全体の評価結果の分布を開示されたとしても、他の教員がどれだけの額をボーナスとしてもらっているかはわからない。ということは、この制度を導入した後に支給されていたボーナスの総額が、導入前に支給された総額よりも少なかったとすれば、その差額は人件費の削減額になる。

さまざまな方法で人件費をはじめとする経費を削減しようとする取り組みがある。しかし、忘れてはならないのが、大学経営は会計上の数字合わせではない、ということだ。世の中には、財政改善を旗印にして、会計上の収支均衡を達成することだけが自己目的化したような、「経営者」ならぬ「経営屋」もいる。経営が悪化した大学において、収支均衡を達成できること自体は素晴らしいことである。とはいえ、経費削減のすえに、言い古された表現だが、「手術は成功したが患者は死んだ」とまではいかなくとも、大学が瀕死状態になることは避けなければならない。

学校法人の理事長あるいは学長は、教育に対する理解と熱き想いと、冷静な経営判断力をあわせもつ必要がある。どちらかが欠けてもダメである。

第六章　実践的・大学教育論

即戦力と基礎力は「メビウスの輪」

序章から第五章まで、大学論にまつわる誤解と幻想について論じてきた。そして、文科省の政策、産業界の提言や社会に漂う「空気」について苦言を呈してきた。前章で論じた大学改革の流れをみると、大学側は文科省の政策にしたがって、ますます疲弊するほかない。プログラミングの世界では、解読困難な複雑なソースコードのことを、皿に盛られてからまったスパゲッティにたとえて「スパゲッティコード」と表現する。文科省の政策と教育現場の関係も「スパゲッティ状態」であり、もはや解きほぐすことは困難である。

しかし、政策への追従と教育の充実を両立させる方法がないわけではない。たとえば、「ＰＤＣＡサイクルを回す」ことに付随するデータ収集や書類作成等について、人的・技術的な部分に投資し、教員をこれらの作業から解放して、教育研究に専念させることである。といっても、「改革疲れ」前の状態にもどす「原状回復」ではない。教育のありかたを、抜本的というよりも「破壊的」

に変える必要がある。そこで本章では、筆者なりの方策を示したい。

具体的な方策について語るまえに、筆者の基本的な立場について明らかにしておく。筆者がめざす方向性と文科省の政策は、基本的なところでは、それほど矛盾しない。違う点は、「グローバル人材」などという空虚な言葉を使わないことと、「〜力」という育成すべき能力・特性を列挙しない点である。

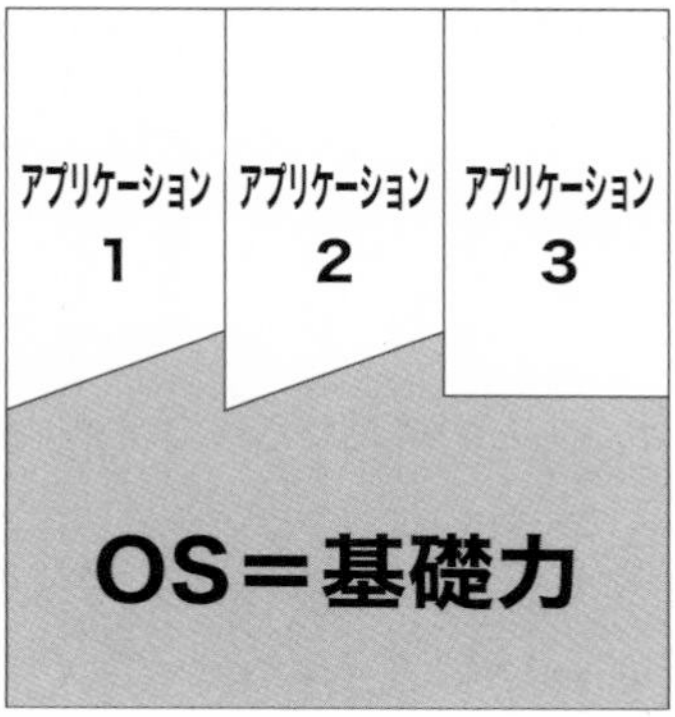

図表20　OSとアプリケーション

文科省のいう「予測不可能な時代」に求められるのは、コンピュータのソフトウェアにたとえれば、強い「ＯＳ」（基本ソフト）である。基盤となるＯＳがあるから、さまざまな作業を可能にする文書作成や表計算等のアプリケーション（以下「アプリ」）が作動する（図表20）。ＯＳがバージョンアップされれば、アプリもそれに対応してバージョンアップせざるをえない。また、逆も同じである。

アプリは、社会の変化に応じて求められる知識・技能をさし、ＯＳは社会の変化に対応できる「基礎力」をさす。「グランドデザイン答申」がいう「リカレント教育」（学び直し）の充実・拡大はアプリのアップデートやバージョンアップに相当するが、そもそも新しい知識・技能を学ぶためのＯＳが備わっていなければ、学び直しもうまくいかない。序章でとりあげた「学び習慣」仮説を想起すると、大学の責務は、まさに学生一人ひとりのなかに強いＯＳを育成することにある。

産業界では「即戦力」という言葉が好んで使われるが、実は「即戦力」と「基礎力」は「メビウスの輪」（表裏一体の輪）のようなもので、結局、基礎力がしっかりしている人間は、社会の変化にも対応できるといえる。このことを考える際、三宅（二〇〇六）の指摘が参考になる。三宅は、密接に関連する三つの知識の習得が、大学での学習の目標であるという。すなわち、「大学の机の上だけでなく、別の場所に『持ち出して』使える知識」（Portability）、「使いたいときにきちんと使える『頼れる』知識」（Dependability）、そして「将来、学び続けていくときの根になる『長持ちして＋補修や作り替えが可能』な知識」（Sustainability）、である。これらは、まさに「ＯＳ＝基礎力」の考え方に通じる。

また、生涯にわたって学び続けるときに重要なのが「まなびほぐす」ことである。鶴見俊輔は、アメリカ留学中、ニューヨークの図書館でヘレン・ケラーに出会い、「アンラーン」（unlearn）という言葉を知る。鶴見は、これに「まなびほぐす」という絶妙な訳語をつけた。そして、「たくさんのことをまなび（learn）、たくさんのことをまなびほぐす（unlearn）。それは型どおりのスウェーターをまず編み、次に、もう一度もとの毛糸にもどしてから、自分の体形に必要にあわせて編みなおす」（鶴見二〇一〇）のと同じであるという。これは、身につけた知識・技能を新しい環境にあわせてつくりかえていくことである。その意味で、「ＯＳ＝基礎力」を環境の変化にあわせてアップデートあるいはバージョンアップしていく作業は、まさに「まなびほぐす」ことだといえる。

「予測不可能な時代」という枕詞はもう聞き飽きているが、先行きが「予測不可能」なのは、なにもいまにはじまったことではない。いつの時代も、先のことは「予測不可能」だった。ただ、しばらく前までは、みんなが決められた方向に進めば、あまりぶれのない範囲で結果が出ていただけのことである。人生は、いつの時代も思いどおりにはならない。だからこそ、強い「ＯＳ＝基礎力」が必要になるのだ。

「学びのスイッチ」とアクティブ・ラーニング

「学んだ場以外に持ち出せて、必要な時に使えて頼りになり、必要に応じて作り変えることができる」知識をもち、「まなびほぐす」ことができるような「強いＯＳ」を育成するには、どうしたらよいのだろうか。簡単に答えを出すことはできないが、まずは学生の「学びのスイッチ」が入らなければ何もはじまらない。学生の学力・意欲・学習歴が多様化すると、学生が何に「食いつく」のかは容易にわからないだけに、教育プログラムのなかに多様なスイッチを仕掛けておく必要がある。後述のように、「完全セメスター制」にもとづいて、アクティブ・ラーニング（以下「ＡＬ」）とＩＣＴ（情報通信技術）をうまく活用すれば、かなり多様なスイッチを仕掛けることができる。

大学が学生のために「学びのスイッチ」を用意する、などというと、「学ぶ意欲がない学生は大学に行かなければよい」という批判が出るかもしれない。たしかに、学習にかぎらず、何に対してもやる気がない人間が大学に来るのは困りものである。しかし、昔の大学でさえ、学ぶ意欲が高い学生が大多数を占めていたかというと、かなり疑わしい。加藤秀俊は、次のような示唆深い指摘をしている。

じっさい、かんがえようによっては、**学校というものは、「独学」では勉強することのできない人たちを収容する場所なのだ、**ともいえないこともあるまい。一般的には、学校に行けないから、やむをえず独学で勉強するのだ、というふうにかんがえられているが、わたしのみるところでは、話はしばしば逆なのである。すなわち、**独学できっちり学問のできない人間が、やむをえず、学校に行って教育をうけているのだ。**（加藤一九八〇、太字は筆者）

独学ができず、学ぶ意欲がないようにみえる学生でも、何かのきっかけで「学びのスイッチ」が入り、生きていくための「OS＝基礎力」が育成できたとすれば、それは本人にとっても、また回りまわって社会にとっても、決して悪いことではない。そこで、「OS＝基礎力」の育成について考えるために、第二章で紹介した「T－MASKモデル」をもう一度とりあげる（図表11）。

従来の大学教育では、多くの場合、知識（K）と思考（T）のあいだを往復するような授業だったといえる。ALが普及するようになると、今度は行動（A）と思考（T）を往復する授業が多くなっていく。しかし、第一章でも述べたように、ALが効果的に行われるためには、知識（K）・思考（T）・行動（A）が密接に関連づけられなければならない。思考は、知識をぬきにして成立しないからである。また、ALの重要性は、その学習内容が技能（S）やマインド・セット（M）にも影響をおよぼすことである。このように、ALは「T－MASK」のさまざまな部分を刺激することになるから、学生にとっても「学びのスイッチ」（きっかけ）が多様化する。もちろん、何が学生にとっての刺激になるかは、取り上げるテーマとも関係する。また、「多様なスイッチ」と

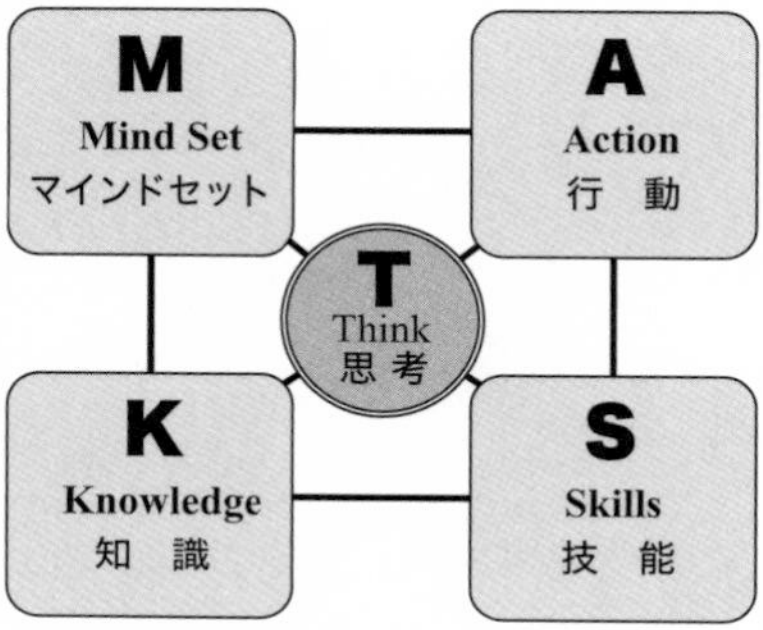

図表 11　T-MASK モデル（再掲）

ともに注意しなければならないのが、「多様な地雷」である。学生の感受性や「傷つき方」も多様であるから、何が「地雷」（傷つくスイッチ）になるかわからない。これについては、個別に対応せざるをえない。

学生の学力・意欲・学習歴が多様化すると、〈多様化→すべてに対応できない→お手上げ〉といった反応を示す教職員もいるが、現実には、対応できないほどに学生が多様化しているわけではない。経験的にも、またさまざまな調査結果をみても、学生はおおむね「二・六・二」の割合に分かれる。つまり、指導しなくても自分から学習する二割の「自律的学生」、学力等で問題を抱える二割の「要支援学生」、そして両者のあいだにある六割の「中間層」である。大学教員の多くは、教えるのが楽だからという理由で、自律的学生を教えたがる。しかし、大学生の大多数は中間層であるから、この層にもっと力を入れるべきである。また、要支援学生については別の方策が必要になる。

いまの学生は、なにごとにも「食いつかない」（興味を示さない）し、「燃えあがらない」（熱中しない）といわれることが多い。しかし、これは教員が学生の「焚きつけかた」を知らないだけのことであり、うまく刺激すれば、意外に学生はすぐに燃えあがる（沸点が低い）。このような、いわば「低体温・低沸点」の学生たちは中間層に多く、うまく「学びのスイッチ」が入れば、自律的学生に「大化け」する可能性がある。筆者の経験でも、プロジェクト型学習等の導入で、「大化け」した中間層の学生を何人も知っている。

完全セメスター制

さて、ここからが実践的な教育方法の提案である。まずカリキュラム上の改革として、学生が一学期に履修する科目を五～六科目に減らす、「本来の意味でのセメスター制」（以下「完全セメスター制」）の導入を提案したい。

セメスター制とは、一年を二学期（前期・後期や春学期・秋学期）に分けて、それぞれの学期で授業が完結するシステムである。これならば、ほとんどの大学が導入しているではないか、というかもしれないが、ここにもアメリカの模倣とそれに対する誤解がある。本来のセメスター制は、中教審答申「新しい時代における教養教育の在り方について」（二〇〇二年二月二一日）の「用語解説」にもあるように、「一学期の中で**少数の科目を集中的に履修**し、学習効果を高めることに意義」（太字は筆者）がある。ところが、日本の大学で導入されているセメスター制は、それまでの通年制（ひとつの授業を一年間通して実施するシステム）から、学期を単純に二つに分割したかたちに変えただけのものである。これは、本来のセメスター制の趣旨を理解していない「疑似セメスター制」であり、当然、学生が履修する科目数にも大きな変化はない。

アメリカの大学では、学生は一学期に五～六科目しか履修しない。というのは、授業料が単位数と連動しており、標準的な授業料で計算すると、一学期一五単位（年間三〇単位）が一般的である（通常の学期以外のサマースクールは別料金）。これは、「一科目三単位×五科目＝一五単位」という計算である。一科目の授業は、たとえば五〇分の授業を週三回、あるいは九〇分の授業を週二回といったかたちで構成される。週三回の授業といっても、すべてが講義形式というわけではなく、講義とグループワークやディスカッションを組み合わせて、学びを深めていく仕組みになっている。これに対して日本の場合、川嶋太津夫の言葉をかりれば、定額で「単位取り放題」（川嶋二〇一八）である。一学期に履修できる単位に制限がある場合が多いものの、一学期に二〇～二四単位に相当する一〇～一二科目程度を履修する。これでは、一学期に学習する科目の種類が多くなるから、それぞれの科目についての学びが深まらないわけである。後にふれるように、アメリカの大学生は授業外学修時間が長いといわれるが、これは五～六科目に集中するからできることであり、日本のように一〇～一二科目も履修するとなると、同じように集中して学習することは困難であるはずだ。もちろん、アメリカの大学では課題が多く、授業についていかなければ容易に落第してしまうため、授業外学修時間が長くなるという背景もある。

最近では、クォーター制（四学期制）を導入し、一科目の授業を週二回（あるいは連続で）実施し、学期ごとの履修科目数を減らす大学もあるが、多くの大学で状況が変わらない背景には日本独特の事情もある。産業界は、大学生にもっと勉強させろという一方で、採用活動を早期化させてきた。その結果、就職活動のための時間を確保するために、学生はできるだけ多くの単位を早期に取ろうとするから、「定額制単位取り放題」が加速される。大学側も、学生の就職内定率をあげる必要があるから、四年間じっくりと学ばせるようなシステムに変更したがらない。また、学期あたりの履修科目数を五〜六に減らすには、さまざまなコストがかかる。単純に科目数を減らしただけで、相変わらず大講義室で授業をしていては意味がない。教育効果をあげるためには、一科目の受講者数も減らす必要がある。しかし、同時間帯に少人数の科目が増加すると、それに対応するだけの教室数が必要になる。しかも、日本の大学には、伝統的な講義形式を前提とした固定机の教室が多く、少人数でのグループワークやディスカッションに適したものではない。また、日本の大学では、授業をサポートするＴＡ（ティーチング・アシスタント）の制度が充実しているわけではない。

しかし、これらの環境整備がある程度できれば、完全セメスター制は、授業デザインしだいで、かなりの教育効果をあげることができると考えられる。

単位制の謎——学修時間の背後にあるもの

完全セメスター制を考える前提として、少し遠回りになるが、単位制と学修時間についても論じておく必要がある。「単位制」とは、単位時間（比較の基準となる時間のかたまり）を基礎として、授業の履修や学修の達成を証明する制度である。この制度は、戦後、アメリカから導入されたものだが、日本では、時間の単位〔ユニット〕（unit）と履修証明〔クレジット〕（credit）が、ともに「単位」と訳されている。そのため、卒業に必要なクレジットを得ることも「単位をとる」と表現されており、本来の意味とは異なったものになっている。

大学設置基準の第二一条には「一単位の授業科目を四十五時間の学修を必要とする内容をもって構成する」とある。なお、大学設置基準では、単位制にもとづく大学での学びを「学習」ではなく「学修」という言葉であらわす。「学修」という言葉は、「質的転換答申」以降、広く使われるようになった。そのため、「学習」と表現しなければならない文脈でも、すべて「学修」に置き換えられる現象がみられ、個人的にはかなり違和感があるが、以下、できるかぎり「学修」を使用する。

大学で一般的な二単位の講義科目を例にとると、「四五時間×二単位＝九〇時間」で、九〇時間の学修内容が必要になる。多くの大学では、一科目につき九〇分の授業が週一回、一学期に一五回実施されている。九〇分の授業は、慣習として、一二〇分（二時間）とみなされて「二時間×一五回＝三〇時間」と計算される。この慣習は、ヨーロッパから来たと考えられる。本来、一二〇分の授業だが、キャンパス内の移動時間を考慮して一五分遅くはじまり、途中で一五分の休憩をとることから、実質は四五分の授業を二つ続けるかたちになる（仲井二〇一六）。しかし、三〇時間の授業では、基準となる九〇時間の学修時間に遠くおよばない。では、その差分の六〇時間はどこにいったのかというと、事前学修（予習）・事後学修（復習）を含めた授業外の学修時間にあたる。つまり、授業時間とは別に、その倍の授業外学修時間が必要であるということだ。

たとえば、一学期に二単位の科目を一〇科目履修したとすると、一週間の学修時間は六〇時間になる（図表21）。ということは、（日曜日をのぞいて）一日あたりの学修時間は一〇時間である（一二科目履修していると一二時間）。実際には、二時間ではなく九〇分の授業が行われているから、実質的な時間はさらに少なくなる。もしそうだとしても、朝七時に起床して、夜の一二時に就寝したと

授業外 ２時間	授業 ２時間	授業外 ２時間	×10科目＝60時間／週	×15回

図表21　学修時間の例

仮定した場合、通学時間や食事時間をのぞいた残り時間をほぼ学修時間（授業＋授業外）にあてるというのは、どう考えても現実的ではない。また、昨今、下宿学生の仕送り額が減少し、アルバイト時間が増加している傾向をみると、大学生の生活時間は余裕のないものになっている。

しかし、序章で論じた大学過剰論や大学無用論ともあいまって、「大学生は勉強しない」あるいは「大学は学生にもっと勉強させろ」という意見が多い。「質的転換答申」では、アメリカの大学生の授業外学修時間と比較して、日本の大学生のそれがきわめて短いことも指摘されている。一週間あたりの授業外学修時間は、アメリカの大学一年生の約六割が「一一時間以上」であるのに対して、日本の大学一年生の約六割が「一～五時間」であり、「0時間」の学生も約一割いるという。このデータ自体は古いものだが、全体の傾向はいまも大きく変わらない。ちなみに、東京大学の学生を対象とした調査（東京大学広報室二〇一七）でも、一週間あたりの「授業・実験の課題、準備・復習」の時間は、「一～五時間」が四〇・七％ともっとも多く、次に多いのが「六～一〇時間」で二三・一％だった。これでは、東京大学でさえも大学設置基準における単位の規定を満たしていない。つまり、理論的には、東京大学を筆頭にして、これまで日本のほとんどの大学が、組織的に「法令違反」を犯してきたということになる。

単位制の模倣と誤解

擬似セメスター制が定着するなかで、このような「法令違反」が常態化し、そう簡単には状況が改善できないことは、文科省もよく理解しているはずだ。しかし、完全セメスター制のメリット（一学期に少数科目を集中的に履修し学習効果を高めること）については理解しておきながら、新設大学・学部を認可する際、文科省がそのような指導をしてきたとは考えにくい。いまごろになって学修時間について云々するのなら、もっと早い時期に完全セメスター制にむけた政策誘導をしてもよかったのではないか。もちろん、各大学の自主性は最優先して尊重されなければならないが、大学側も、伝統的な授業形態を変えようとせず、擬似セメスター制を維持しているという点では問題がある。

現行の単位制は、戦後、ＧＨＱ（連合国軍最高司令官総司令部）のＣＩＥ（民間情報教育局）の指導で導入された。ＣＩＥの考えでは、現代のアメリカの大学にみられるように、一科目につき週三時間の学修（講義と自学自習等の組み合わせ）を想定し、一学期に一五単位を標準としていた。当時、旧制大学では、二時間の授業科目が週に一五〜二〇種類も行われており、ＣＩＥは、単位制度の導入により、詰め込み教育から学生を解放するとともに、自学自習を促進しようとした（清水一九九八、土持二〇〇六）。しかし、その意図がうまく伝わらず、時間で学修量を測るシステムだけが導入され、完全セメスター制の趣旨が理解されないまま、擬似セメスター制が運用され、現在にいたっている。大学設置基準が前提とする単位制も、本来は完全セメスター制であったはずである。しかし、そのことが忘れられ、学修時間の数値だけがクローズアップされている。

学生の立場からみれば、一学期に一〇～一二種類の異なった科目について、毎週、別々の課題が出されたとしたら、許容量をはるかに超えてしまうだろう。したがって、擬似セメスター制を前提とした場合、大学設置基準が定める授業外学修時間は、現実感覚とのあいだに乖離があるといわざるをえない。とはいえ、一週間の授業外学修時間が「0時間」という学生が一割程度いる状況を考えると、学生を学びに向かわせる仕掛けが必要であることはいうまでもない。また、完全セメスター制を導入したからといって、授業外学修時間が自動的に増加するわけではない。これについては、後述するALやICTの活用等が必要であると考えられる。

二〇一九年、（すでに「グランドデザイン答申」で予告されていたが）文科省は大学三年生（六年課程は四年生）を対象に、学修時間等に関する「全国学生調査（試行）」を実施した。全国の大学生の学修時間が飛躍的に増加しているとは考えられないから、「大学生は勉強しない」「大学は学生にもっと勉強させろ」ということを強調する結果になると予想される。しかし、前述のように、擬似セメスター制を前提とする以上、大学生の学修時間が少ないことをクローズアップし続けても、あまり意味がないだろう。本来の単位制の趣旨に合致した運用をめざすのならば、もはや小手先の改善は役に立たないし、完全セメスター制やクォーター制に移行するしかない。

さて、授業外学修時間の前提についても、疑問を呈しておきたい。一単位につき四五時間の学修内容といっても、よく考えればわかることだが、学生によって学修速度や理解の度合いは異なる。

同じ課題をあたえても、それをこなす時間は、学生によってばらつきがある。このことは、学生の学力・意欲・学習歴が多様化すれば、なおさらのことである。そうなれば、時間で一律に学修量を測定することに対する疑問が生じてもおかしくない。これに関連して、単位制の起源と単位制の再考についてふれておく。

日本に導入された単位制の起源をさかのぼれば、二〇世紀のはじめに確立した「カーネギー・ユニット」（Carnegie Unit）にいきつく。これは、アメリカの鉄鋼王のアンドリュー・カーネギーが設立したカーネギー財団が、待遇のよくなかった大学教員のために、一〇〇〇万ドルを寄附してはじめた年金制度に由来する。大学入学者を選定する際に、高校での一定の学修時間（カーネギー・ユニット）をクリアした生徒を入学させることが、当該大学の教員を年金制度の対象者とする条件として設定された。当時、高校の教育内容にはばらつきがあったため、「一日一時間、週五日、年間二四週の計一二〇時間の授業時間」を基本とする「カーネギー・ユニット」が設定された。大学については、「週一時間、一学期一五週、毎学期一五単位」という基準が設定された。この制度は、大学教員の年金制度のために導入されたものであったが、その後、学費計算、卒業要件、奨学金や学生ローンの資格、単位互換制度などに、いわば「共通通貨」として重宝され、普及していった。

早い時期から、時間で学修量を測ることへの疑問や批判はあったが、近年、オンライン大学の普及とともに、カーネギー・ユニットに対する再考が促されるようになった。オンライン大学では、学修時間ではなく、あらかじめ定義された知識・技能などの修得をもって履修証明（クレジット）を付与する。したがって、学習者は自分にあった方法やペースで学習をすすめることができる。このような教育形態を「コンピテンシーに基づく教育」（ＣＢＥ：Competency-Based Education）という（青木二〇一七）。ＣＢＥの普及を受けて、カーネギー財団は、カーネギー・ユニットを再考するプロジェクトを立ち上げたが、現時点でそれに替わるような制度はみつからないと結論づけた(Silva, White & Toch 2015)。

しかし、時間で一律に学修量を測ることが難しいという現実は、やはり存在する。「グランドデザイン答申」でいうリカレント教育の充実・拡大を推進するためには、オンライン教育を有効に活用する必要があり、従来の単位制とともに、ＣＢＥについても柔軟に考えていかなければならないだろう。

「教習所」的教育のすすめ

前述のような、単位制と学修時間についての現実をふまえたうえで、完全セメスター制を効果的に機能させるための授業デザインとはどのようなものか。そこで、まず提案したいのが「教習所」的教育である。

自動車教習所に行けば、課程を修了するために必要な知識が書かれた「学科教本」がある。つまり、あらかじめ必要な知識が受講者に公表されている。大学の場合はこの逆で、テキストはあるものの、講義を最後まで聴かなければ、何が最低限必要な知識なのかわからない。このことは、「知識をもち、教える」側と「知識がなく、教わる」側との、見えない力関係を示している。しかし、大学の役割は専門的知識の伝達だけではない。特に人文社会科学系の場合、それぞれの学問がもつ「知識＋思考＋アウトプット」（知識をもとに考え、表現する）という「型」を通して、社会や人生をみる方法を学ぶことが重要である。つまり、文学や経済学「を」学ぶのではなく、文学や経済学「で」学ぶのである。そう考えれば、逆転の発想で、自動車教習所のように、あらかじめ必要な知識を提示しておくことで、知識自体を伝達することよりも、それを活用して考える方向に授業をシフトできる。

そこで参考になるのが、名古屋学院大学経済学部の取り組みである。同学部では、経済学部生にとって最低限必要な知識を精選し、『経済学部生のための基礎知識三〇〇題』（名古屋学院大学経済学部二〇一二）にまとめている。その内容は電子ブックやeラーニングのコンテンツとしても提供され、学生が自習できるようになっている。また、アメリカの書店に行くと、学問分野別に知っておくべき用語とその説明が、A3サイズ二つ折りの紙に、両面びっしりと書かれたものが売られている。いわば学生のための虎の巻のようなものだが、同様のものを各授業で用意し、折にふれてそれを参照する方法も考えられる。もちろん、重要な知識を薄っぺらな紙に凝縮することは困難だが、最低限必要な知識や用語のリストを用意しておくことは重要である。さらに、最近は「〇〇学を〇時間で学べる」などというタイトルの本が多く出版されているが、この類の本も考えようによっては役に立つ。おおかたの大学教員は、このような提案を「邪道」だと批判するだろう。しかし、これくらいの思い切った変革をしなければ、〈専門知識の詰め込み→試験のための暗記〉という悪循環から、いつまでたってもものがれられないだろう。大学教員は、「～を理解するためには～の概念も理解する必要がある」といった具合に、あれもこれもと教えるべき内容を増やしていく傾向がある。その意味では、教習所的な最低限の知識を厳選する作業は、授業デザインを根本的に見直す契機にもなる。また、多くのことを知っていることが重要なのではなく、最低限の知識をしっかりと身につけていることのほうが重要であり、各科目においてこれが徹底されれば、世間でいう「教育の質」を保証することにもつながる。

各科目で知識・用語リストを用意すれば、教員は知識・用語を説明することに注力するのではなく、学生がそれらをある程度は理解していることを前提として、課題に取り組ませる授業が展開できる。もし、学生が課題で必要となる知識・用語を理解していなければ、折にふれてリスト等を参照できるようにすればよい。このようにすることで、ALによる授業を推進することができる。また、知識・用語リストを電子ブックやeラーニングのコンテンツとして用意しておけば、授業外学修の促進にもなる。ICTを活用した授業外学修と授業におけるALの組み合わせは、いわゆる「反転授業」(あるいは「反転学習」)(バーグマン&サムズ二〇一五)の考え方に近い。「反転授業」とは、従来の授業と宿題の役割を「反転」させて、授業外で事前に知識を習得し、授業では知識の確認や知識を活用したALなどを行う授業形態である。

さて、完全セメスター制を導入するとなると、学生が履修する科目数が減ることで、これまでよりも学ぶ内容量も減るのではないか、という疑問が生じるだろう。しかし、履修できる科目数が多ければ学習が深まるというわけではない。これについては、アメリカの大学生が学ぶ内容量が、日本の大学生のそれよりも少ないわけではないことを考えればわかる。日本のように、四年間で六〇種類以上の科目を履修することが適切であるとはいえない。むしろ、前述のように、最低限必要な知識を厳選し、その知識を活用した授業を展開することで、学びがさらに深まると考えられる。もちろん、そのためには週三回の授業内容を周到にデザインする必要がある。

ストーリーとシナリオ

完全セメスター制にもとづく周到な授業デザインを考えるとき、熊本大学大学院社会文化科学研究科教授システム学専攻の「ストーリー中心型カリキュラム」（ＳＣＣ：Story-Centered Curriculum）と三重大学のＰＢＬ（Problem-based Learning）が参考になる。

熊本大学の教授システム学専攻は、「教授システム学」（Instructional Systems）についてｅラーニングで学ぶオンライン大学院である。同専攻では、ロジャー・シャンク（Schank 2007）が考案したＳＣＣが導入されている。ＳＣＣとは、カリキュラムにひとつのストーリーを導入して、そのストーリーに沿って学習を進めていくものである。また、個別の科目として授業を教えるのではなく、ストーリーに沿ったかたちで、各科目が密接に連携している。具体的には、受講生が仮想の会社のコンテンツ開発事業部に入社したストーリー設定からはじまる。社員（受講生）は、仮想の上司（教員）からメールで送られてきた指示にしたがい、他の社員（受講生）と連携しながら、課題を解決していく。課題解決に必要なツールや知識などはｅラーニングシステムで共有されており、教員の指導を受けながら受講生は課題を解決していく。設定されたストーリー展開のなかで、受講生が身につけるべき知識・技能が設定されており、受講生の反応を考慮して、シナリオを途中で変更することもある（根本・鈴木編二〇一四）。

三重大学では、地域人材教育開発機構（旧：高等教育創造開発センター）が中心となり、早くからPBLの全学的な普及に取り組んできた。大学の世界ではPBLという言葉がよく使われるようになったが、その用法はさまざまである。「プロジェクト型学習」や「課題解決型学習」という意味でPBLという言葉を使う大学が多いが、三重大学の場合、課題解決という意味では同じだが、シナリオにもとづく学びである。このタイプのPBLは、もともと医学・看護系大学で発達した。医学における基礎と臨床とが切り離されて教育されている状況を改善し、具体的な患者の事例のなかから問題をみつけ、その問題を解決する学習方法が開発された。たとえば、救急搬送されてきた患者の性別・年齢、バイタル（血圧・脈拍、体温、呼吸数）、搬送時の状況、さまざまな兆候などがシナリオとして提示される。それを手がかりに、患者の病状を分析するとともに適切な対応を考える。シナリオのなかには、学生が未学習の知識も含まれているから、問題解決には自発的な学習が求められる。三重大学では、これと同様に、シナリオに沿って学習を展開するPBLが、自然人文社会科学の広い分野で実践されており、そのためのマニュアルも整備されている（http://www.dhier.mie-u.ac.jp/publications/）。学習の起点となるシナリオは、仮想のものでもよいし、現実のものでもよい。現実のシナリオの場合、PBLが地域社会の問題解決にもつながる。

SCCや三重大学版PBLは、経営学のケースメソッドやケーススタディなどと共通する点もあるが、多様な知識・技能が求められる点や比較的長い期間で課題に取り組む点で異なる。

人間は、さまざまな物語を記憶している。それは、時間軸に沿って場面が設定され、そこでさまざまな登場人物が関わりあうという、記憶しやすい構造があるからだ。これと同じで、知識（登場人物）は文脈（場面）ぬきには考えられない。ところが、通常の授業では、時代があちこちに飛んだり、文脈を意識せずに細切れの知識が提供されたりすることも少なくない。授業に一貫したストーリーがあれば、学習には好都合である。ＳＣＣやＰＢＬで一貫したストーリーを考える場合、ゲームでいえばプレイヤーやキャラクターがクリアする「クエスト」（課題）のように、ちょっとした「つまずき」や困難を仕掛けておく必要がある。プレイヤーを飽きさせず、しかもゲームのクリアに向かわせるノウハウについては、ゲームデザイナーに学ぶところが大きいだろう。

前述のように、もし完全セメスター制が導入され、一科目週三回の授業というメリットを活用し、ＳＣＣや三重大学版ＰＢＬを参考にした取り組みが成功すれば、学生の深い学びを促進できると考える。

「バベル化」する社会と日本語教育

ここまで、大学教育を変革する方策として、完全セメスター制の導入、「教習所」的教育、ストーリーやシナリオを活用した授業デザイン、などについて論じてきた。しかし、カリキュラム上の改革や授業デザインの工夫以前に、真剣に考えなければならないのが、大学生の日本語能力についてである。日本に住んでいるのだから、当然、学生は日本語を「読む・書く・話す・聞く」ことができるはずだと高をくくっているうちに、事態は急速に悪化している。

二〇一一年にはじまった国立情報学研究所の「ロボットは東大に入れるか」プロジェクトは、「東ロボくん」と呼ばれるＡＩに東京大学に合格できるだけの能力を身につけさせることを目標としていた（新井・東中編二〇一八）。このプロジェクトは一定の成果をあげたが、二〇一六年、プロジェクトの続行が断念された。その理由は、少なくとも現在の水準ではＡＩには文章の読解力に問題があり、意味を理解できない、というものだった。しかし、それよりも衝撃的だったのは、多くの中高生が「東ロボくん」よりも読解力が低い、という調査結果だった（新井二〇一八）。ここで「読解力」というのは、「文章の意味内容を理解する」という、ごくあたりまえのことをさす。しかし、二つの文章の意味が同じかどうかを判定する問題でも、中学生の正答率は五七％だった。このプロジェクトのリーダーだった新井紀子は、中高生の読解力の低下を目の当たりにして、ＡＬについて次のように苦言を呈する。

教科書に書いてあることが理解できない学生が、どのようにすれば自ら調べることができるのでしょうか。自分の考えを論理的に説明したり、相手の意見を正確に理解したり、推論したりできない学生が、どうすれば友人と議論することができるのでしょうか。「推論」や「イメージ同定」などの高度な読解力の問題の正答率が少なくとも7割ぐらいは超えないと、アクティブ・ラーニングは無理だろうと私は考えています。（新井二〇一八）

悲観的な指摘であるが、事実、日常生活においても、日本語を母語とする者どうしで日本語が通じない（話が通じない）ことや、それが原因で人間関係が悪化する例がみられる。このような状況が仕事場でもおこると、業務の大きな支障となる。話す・聞くという会話においてもこのような状況であるから、メールや業務文書に書かれていることが理解できない、あるいは間違った理解をするとなると、事態はさらに深刻である。一般に、先進国においては、識字率の問題は解決済と考えられている。しかし、あらたに「機能的非識字」（functional illiteracy）という概念が問題になっている。これは、基本的な母国語の読み書き（識字）はできるものの、それを機能的に活用する能力がないことを意味する。具体的には、電化製品のマニュアル、薬の服用方法、災害情報等が理解できない、という状況である。この機能的非識字の問題は、新井のいう読解力の低下とも通底している。

『旧約聖書』の「バベルの塔」の物語ではないが、たがいに言葉が通じなくなる社会の「バベル化」が、いまおこりつつある。ＡＩやプログラミングに関する教育や英語も重要であるが、日本の教育が日本語教育を軽視してきた代償が「バベル化」する社会であるといえる。文科省の「『英語が使える日本人』の育成のための戦略構想」（二〇〇二年七月一二日）でも、英語とならんで「国語力の増進：適切に表現し正確に理解する能力の育成」がうたわれているが、これはあくまでも付け足しの感がある。かといって、一部の教育産業にみられるように、「ＡＩ時代を生き残るためには読解力だ！」などと煽るのも極端である。読解力をはじめとする日本語能力の育成は、小学校から高校までの積み重ねによるところが大きいが、大学でできる日本語能力の育成方法もある。

欧米の大学では、西洋の修辞学（レトリック）の伝統にもとづいて、アカデミックな言語の使い方（話し方や書き方）を学ぶ科目がある。しかし、日本では、長いあいだそのような動きがあまりなかった。高校から大学への学生の円滑な移行を支援する「初年次教育」が大学に浸透しはじめると、「アカデミック・ライティング」（学術的な文書作成）をはじめとする、日本語能力を高める科目が導入されはじめた。初年次教育に取り組む大学の教員と意見交換すると、専門教育科目を担当する教員から「一年生でもっと日本語能力を鍛えてほしい」との苦情がよくあるという。これは、苦情をいう教員の当事者意識が希薄であることをあらわしている。日本語能力の育成は、なにも初年次教育を担当する教員だけの責任ではない。四年間を通して、さまざまな科目のなかで学生の日本語能力を高める方策はある（岩井二〇一八）。

そこで、筆者の実践例を三つ紹介する。第一に、新聞記事を素材にしたジグソー学習（第一章参照）があげられる。学生は、学習内容に関連する異なる新聞記事を各自で読み、それをもとにグループ内で意見交換する。さらに、グループでまとめた内容を発表する、という流れである。第二に、学生に専門的な文章を読ませ、キーワードを抽出させたうえで、キーワードを使いながら内容を要約させ、それを発表させる、という方法である。そして第三は、講義内容について、学生にキーワードを使ってまとめさせる方法である。いずれの方法についても、ワークシートに文章を書かせたうえで、文章をチェックするとともにコメントを付し、次週には学生に返却している。このような作業は、もちろん手間がかかるものであるが、「だ・である調」と「です・ます調」の混在や主語と述語の非対応など、初歩的なミスがなくなるとともに、確実に学生の日本語能力が向上することが確認できる。筆者がキーワードに着目するのは、キーワードがＳＮＳにおける「ハッシュタグ」（＃）のように、文章の内容を反映しているからである。キーワードと内容（文脈）の関係を把握することで、学ぶべき事柄についての理解が深まる。このような方法は、一年生の授業にかぎらず、どの授業でも実施することが可能であり、学生の日本語能力の向上に役立つものと考える。

教養と雑学のあいだ

さて、社会では「役に立つ」学問が求められる一方、「教養」の重要性も指摘されてきた。ところが、「教養」という言葉でイメージされているものは、人によってかなり異なる。「教養＝リベラルアーツ」や「リベラルアーツ＝人文学的教養」と考えるむきもある。教養概念の歴史について詳しく説明する余裕はないが、リベラルアーツの概念自体は古代ギリシャまでさかのぼり、古代ローマでは、言語に関わる「三学」（文法・修辞・論理）と数学に関わる「四学」（算術・幾何・天文・音楽）からなる「自由七科」をさすようになった。これは、奴隷としてではなく自由な人間として生きるための術や素養をさすものである。その意味で「リベラルアーツ＝人文学的教養」という図式は適切ではない。では、教養をどのように考えればよいのか。

筆者は、教養を次のように定義する。「教養がある」とは「強い『ＯＳ＝基礎力』をもち、環境の変化に応じて、新たな知識・技能を習得するとともに、つねに『まなびほぐす』（ＯＳをアップデートあるいはバージョンアップする）ことができる状態」をさす。このような状態が実現するためには、前述の「T－MASKモデル」でいう、マインド・セット（M）・行動（A）・スキル（S）・知識（K）と、それらを支える思考（T）がバランスよく連動する必要がある。多様な知識・技能が身についていれば、多角的に物事をみることができるようになる。

巷では、「教養」をテーマにした本が多く出回っている。「教養としての～」というタイトルの本をよくみかけるが、これは「知らなくてもよいが、知っておいたほうがより人生が楽しめる知識」といった程度に理解すればよい。また、一冊で教養が身につくようなことをうたった本もあるが、その内容はというと、多様な分野の知識が羅列されているものが多く、それを読んでも教養は身につかない。なぜなら、ただの「物知り」であることと「教養」はイコールではないからである。重要なことは、学習者が、さまざまな知識と知識を有機的に結びつけていることと、その結びつけ方を知っていることである。「一冊で教養が身につく」といった本は、章ごとに分野が異なることが多く、各章の知識どうしが直接にはつながらないことが多い。そして、個別の知識どうしを有機的につなげる仕事は、読者の能力にゆだねられている。

一般に、系統だっていない断片的な知識を「雑学」（トリビア）という。大学教員のなかには、雑学を学問的知識よりも一段低いものとみるむきもあるが、両者を二分法的に両断することはできない。実は、雑学と学問的知識は「地続き」の関係にある。

たとえば、こんな例がある。筆者は韓国文化についても研究していることから、テレビの雑学番組をみた同僚が「韓国語でも『微妙な三角関係』は『びみょうなさんかくかんけい』と発音するのですか」と聞いてきたことがある。厳密にいえば少し発音は違うが、似ているといえば似ている。

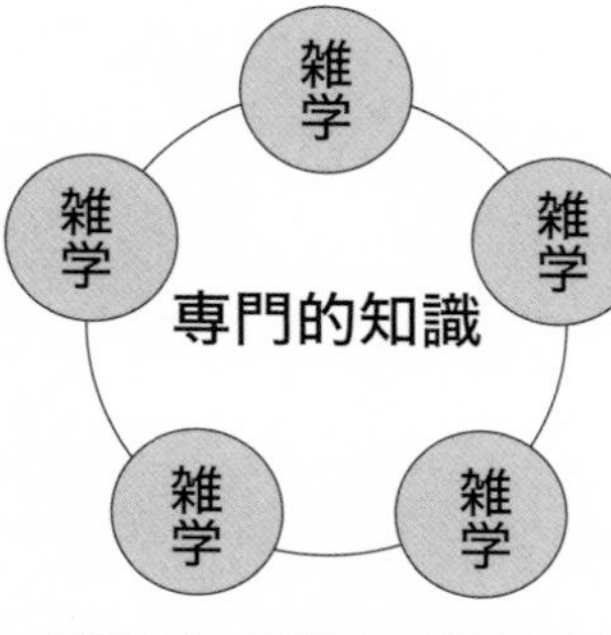

図表22　雑学と専門的知識

この同僚は、ハングルと日本語のあいだに「偶然の一致」があったことに驚いているのだが、これは「偶然」ではない。ハングルという表音文字は一五世紀に発明されたもので、それ以前は、韓国でも漢字が使われていた（実際は、それ以降も使われている）。その意味では、韓国も日本と同じ漢字文化圏にあるといえる。さらに、韓国語の五〇～七〇％が漢字語（漢字を韓国語の発音に転写したもの）であるといわれる。したがって、「微妙な三角関係」の漢字部分の発音が日本とほぼ同じなのは、決して「偶然」ではない。韓国研究の専門的知識からみれば、このことは雑学ではない。しかし、専門外からみれば雑学になる。図のように、専門的知識の外側からみれば雑学だと考えられるものでも、専門的知識の一部をなし、雑学と専門的知識は「地続き」であるといえる（図表22）。

このようにみると、雑学をひとつのきっかけとして、学生の関心が専門的知識へと広がっていくことも考えられる。学生をみていると、「学び方」や「結びつけ方」がわからないから学びが深まらない例が少なくない。その意味では、専門的知識や雑学に関係なく、異分野や一見つながりがないような知識どうしを結びつける方法を学ばせることは重要である。知識と知識、点と点がつながって線になり、線と線が面をなすようになると、前記の意味での教養の基盤が強くなるといえる。教養の基礎を築くことは、キャリア教育にもつながる。「キャリア教育」とは、「学生自身が長い人生における生き方や働き方を考えるとともに、変化する時代に対応できる知識・能力・態度を身につけることができるように促す組織的な教育」といえる。そして、キャリア教育の重要なキーワードとして、自分を知る（自己分析・自己理解）、他人を知る（他者理解とコミュニケーション）、社会を知る（現代社会に対する理解）の三つをあげることができる（岩井・奥村・元根二〇一七）。まず自分を知ることで、自分がどう成長し、変わりたいのかを考えることができる。次にコミュニケーションを通して、社会的背景の異なる他者に対する理解が深まるとともに、他者との対比によって自己理解も深まる。そして、自分が生きている社会や時代の成り立ち（歴史）、仕組み（社会制度）や社会の流れ（社会動向）を知ることは、生き方や働き方を考えるのに役立つ。これらは、教養の基盤といえる。

このようにみると、絹川正吉（二〇〇六）が指摘するように、教養教育そのものがキャリア教育だといえる。一般に、「キャリア教育＝就職のための教育」と誤解されやすいが、就職活動のためのテクニックは別として、就職活動に必要な知識・技能は、通常の授業のなかで十分に育成できるものである。

「工場モデル」から「工房モデル」へ

この章では、筆者の考える大学教育のあり方について論じてきた。そして、「予測不可能な時代」にこそ強い「ＯＳ＝基礎力」が求められ、学生の多様化を前提とした場合、ＡＬやＩＣＴをうまく活用することで、まず学生の「学びのスイッチ」を入れることが重要であると述べた。さらに、具体的な方策として、完全セメスター制の導入とともに、それにともなう授業デザインとして、「教習所」的教育、ストーリーやシナリオを活用した教育を提案するとともに、日本語教育やキャリア教育にも通じる教養の重要性についても述べた。

これらの考え方の根底にあるのは、「工場モデル」から「工房モデル」への教育の転換である。これまでの大学教育は、大人数の学生に向けて、同じ教育内容を一斉に、しかも一方向的に効率よく伝えようとする「工場モデル」であったといえる。このことは、日本が工業技術を基盤として経済的に発展してきたことと無関係ではない。また、これに関連して、単位制における一単位四五時間が、実は労働時間を根拠としていることは興味深い。月曜日から金曜日までが一日八時間労働で、土曜日が五時間労働だとすれば、ちょうど四五時間になる。さらに、同じ単位時間によって一律に学修量が測られるという仕組みをみれば、工場と教育の親和性がみてとれる。しかし、一人ひとりの学習能力や学び方に多様性があるという前提にたった場合、「工房」（職人や芸術家の仕事場、アトリエ）のように、各自の個性を生かしつつ協働する「場」としての大学が求められる。これが「工房モデル」の教育である。一八歳人口の急激な減少は、大学経営にとって大きな打撃であるが、別の見方をすれば、少人数の学生をきっちりと育てるという意味では「工房モデル」の教育に好都合である。

二〇一九年、専門職大学および専門職短期大学が開設された。同時に、法令上、既存の大学に専門職学部・学科を設置することも可能になった。本章で論じたような大胆な大学教育を試みる場合、既存の大学に専門職学部・学科を開設し、「工房モデル」にもとづいて、まったく新たな発想で教育を実施するのもひとつの方法である。あらたな専門職大学・短大を開設するのではなく、既存の大学に専門職学部・学科を設置することで、学問分野によっては、既存学部の教育に刺激をあたえるとともに相乗効果も期待できる。もし、筆者があらたな可能性を見いだすとすれば、専門職学部・学科における「工房モデル」の教育である。

終　章　大学教育はどこへいくのか

大学に対する誤解と幻想

本書では、大学に対する世間の論調にみられる誤解と幻想について論じてきた。以下、各章の内容について簡単にふりかえっておく。

序章　大学論を語るまえに

大学を取り巻く社会の「空気」を、①大学過剰論（大学が多すぎる）、②大学無用論（大学は役に立たない）、③大学不要論（大学はいらない）の三つにわけ、それぞれについての誤解と幻想について論じた。

①大学過剰論は、一八歳人口の急速な減少にもかかわらず大学が増え続け、経営不振に陥る大学が出てきただけではなく、大学の質（学生の質と教育の質）が低下してきた、と主張する。学生の質（学生の学力低下）については大学だけでは解決できない問題だが、大学全入時代にともない、

経営的な観点からも、大学は学力が低い学生も受け入れざるをえなくなった現実がある。たとえ学力が低い学生でも、大学がなんらかのかたちで成長させればよいが、そうでない場合、大学は低学力の学生の受け皿として社会からみられるようになる。しかし、大学の数を減らせば、大学の質が向上するという簡単な問題でもない。量（大学の量）と質（大学の質）の関係は多様かつ複雑である。一八歳人口の減少にもかかわらず、多くの大学が危機感を実感できなかった要因のひとつは、大学進学率の向上と、それを経済的に支える奨学金受給率の上昇であると考えられる。その意味で、多くの大学は奨学金の恩恵を受けており、奨学金返済に困らずに生活ができるように学生を育てるのは、大学の責務である。

②の大学無用論については、大学時代にあまり勉強しなかった人ほど、大学教育が役に立たないと考える傾向があるようだ。個人の意識とは別に、大学時代に「学び習慣」がある人は、それが現在の学習や読書の習慣を支え、その成果が所得の上昇となってあらわれているとの調査結果がある。しかし、働く人の七割弱が自ら学ぶ習慣をもっていないとの調査結果もある。大学無用論のなかには、「大学が社会のニーズに対応していない」とする「大学性悪説」がある。しかし、これは経済成長を第一義とする「経済ナショナリズム」とも深く関わっており、日本経済がめざましく再生するまでは、大学はいつまでたっても「時代の変化や社会の要請」に応えていないとして、責め続けられるだろう。

③の大学不要論には、大学の学歴がなくても生きていけるという「学歴不要論」と、大学に行かなくても勉強はできるという立場がある。前者が説得力をもつためには、本人の強い意志と努力、

それを受け入れる社会的環境が必要であり、現時点では、誰にでもあてはまるものではない。後者についても、みんなが独学できるという「独学幻想」が根底にあり、いくらためになる本があって、インターネット上に知識があふれていても、学ぶ習慣自体がなければ独学を続けることが困難であることを考えると、あまり説得力がない。

第一章　アクティブ・ラーニングの誤解と幻想

政策文書に登場し、大学改革に効く呪文のように受け入れられた数々の「バズワード」のなかから、「アクティブ・ラーニング」（以下「ＡＬ」）を取り上げ、その誤解と幻想について論じた。まず、ＡＬが注目されるようになった背景について、①学習理論と学習観の変化、②学生の多様化、③「非認知的能力」への注目、の三つの視点から論じたのち、ＡＬに関する五つの誤解について解説した。次に、マイケル・サンデルの「白熱教室」をＡＬの模範としてとらえる見方に異議を唱え、サンデルのまねをした「白熱教室ごっこ」が単なる「ごっこ」ではなく、学生を巻き込むＡＬ型授業に展開するための授業デザインについて述べた。そのためには、討論に先立って、「読む・考える・書く」という学習活動の時間を確保する必要がある。ＡＬの議論では、知識伝達型の授業からＡＬへという図式が強調されるあまり、知識と思考を二分法的にとらえる傾向がある。しかし、思考は知識がなければ成立しない。その意味で、ＡＬにおいても、「知識・思考・行動」が相互に関連づけられる必要がある。これは、「読む・考える・書く」という学習活動とも対応する。

ＡＬをはじめとする大学バズワードの多くは、輸入・模倣によるものである。模倣は、ながらく日本の産業における「お家芸」だったが、大学教育に関するバズワードは、もとの理念や文脈が理解されないままに輸入・模倣されたものが多く、教育現場において十分な効果がえられていないのが現実である。このような状況は、歴史的にみると、近代の学校制度がはじまった頃からみられ、まさに模倣と誤解の教育史があったといえる。

第二章　グローバル人材と英語幻想

政府や産業界が求めるグローバル人材の育成と英語教育改革に関する誤解と幻想について論じた。まず、「グローバル」という言葉を連呼すればするほど、皮肉にも、自らが「ガラパゴス」状態であることを認めていると指摘したうえで、政府や産業界がいう「グローバル人材」なるものが、ないものねだりの「スーパー日本人」であることを指摘した。また、グローバル人材を求める声と当の産業界の現場とのあいだには大きなギャップや温度差があり、政府や産業界がいうようなグローバル人材の需要がどこにあるのかが疑問視される。

グローバル人材と関連して、「グローバル人材＝英語力」という図式が定式化しており、グローバル人材育成のための改革として、政府は英語教育改革を掲げている。その代表的な施策が、「英語四技能」（読む・聞く・話す・書く）の強化と大学入試における英語の民間試験の導入である。この背景には、「英語がしゃべれない＝英語ができない」という「スピーキング幻想」があり、「話す」能力を測れるようにするために民間試験を導入しようという思惑がある。民間試験の導入に関する審議は、まず導入ありきですすめられた感があり、民間試験の公平性・公正性に関してもさまざまな問題点がある。また、民間試験のスコアの位置づけを明らかにするために用いられているCEFR（ヨーロッパ言語共通参照枠）も、本来の趣旨から逸脱した活用のされかたをしている。ここにも、「舶来品」の模倣と誤解がある。さらに、民間試験の導入により、学習指導要領に沿った教育と民間試験対策との、いわば「二重帳簿」で高校の英語教育が行われることが危惧される。

これまでの文科省の調査からも、「英語嫌い」や英語に対する苦手意識をもつ生徒が量産されていることが明らかになっている。しかし、その原因を分析し、改善策をうちだすことなく、反省と理念なき英語教育改革だけがすすめられているといえる。

第三章　もうすぐ絶滅するという文系学部について

序章で取り上げた「大学無用論」の一部をなす「文系学部廃止論」について論じた。まず、二〇一五年の文科省通知、いわゆる「六八通知」をきっかけに広まった「文系学部廃止論」の顛末について紹介したのち、同じく大きな議論をよんだ「G型大学・L型大学」論について紹介した。「G型大学・L型大学」論の根底にあるメッセージ、すなわち「日本の大学教育はアカデミズムを重視するあまり現実社会を無視し、学生が卒業後に安定した生活ができるような知識・技能を身につけさせていない」ということについては真摯に受けとめなければならない。しかし、「G型大学・L型大学」論を鵜呑みにすることはできず、現状の学部構成のままでも、学生を厳しく鍛えることで、産業界が求めるような人材を育成することは可能である。

六八通知や「G型大学・L型大学」論の根底には、表現の方法こそ異なるものの、実践的な知識・技能の重視と、文系学部は役に立たないという考えがあるといえる。しかし、特定の学問分野が「役に立つ／役に立たない」という議論は不毛である。また、狭い視野からしか物事をみることができない「理系バカ」「文系バカ」や、何事も理系・文系に分けて考えようとする「分類バカ」の存在は、その不毛さをさらに助長している。とはいえ、「経済成長＝科学技術＝理工系人材」という図式がある以上、文系の学問は地位的・財政的に劣位に置かれるという意味で、「見捨てられる不幸」を経験する。一方、期待される理系が幸福かといえば、かならずしもそうではない。社会に有用であると判断され、社会からの期待、莫大な研究費、研究者のストレスなどを考えると、そこには「期待される不幸」もある。いつ、どこで、なにが、どのようにして役に立つのかわからない時代に、文系・理系にかかわらず、学問の豊かな「苗床」を用意しておくことは、社会全体のリスクヘッジやさまざまな分野のイノベーションにも役立つはずである。その意味において、文系学部は絶滅しないし、絶滅してはいけないのである。

第四章　改革は静かに、そして合理的に失敗する

現在進行中の「高大接続改革」の目論見を説明したあとに、これまでの教育改革や教育現場の状況を考えると、メカニズムとして改革がうまくいかない蓋然性が高いことを、①政策文書のジレンマ、②検証なき教育改革、③「改革疲れ」と面従腹背、の三つの視点から説明した。

①政策文書のジレンマは、政策文書の言説構造（「もの言い」の構造）自体のなかに、あらかじめ失敗が埋め込まれているということである。政策文書は高い理想を語らなければいけないが、高い

理想を掲げれば掲げるほど、また多くの内容を盛り込もうとすればするほど、目標達成のハードルが高くなり、過大な要求はなかなか達成されず、政策文書が意図したような結果にならない。また、政策文書には、育成すべき知識・技能・行動特性などを「〜力」という言葉で列挙する傾向があるが、これは、人間の能力を細かく分解すればするほど、人間の能力を正確に把握できると錯覚する「コンピテンシー病」の兆候であり、この傾向は教育現場にもみられる。

②の検証なき教育改革は、高大接続改革が「学制以来の大改革」といわれながらも、これまでの教育改革に対する綿密な検証もないままに実施されていることを意味する。また、文科省はＰＤＣＡサイクルの重要性を強調し、それを教育現場に要求するが、当の文科省がＰＤＣＡサイクルを回していないという問題点がある。

③の「改革疲れ」と面従腹背は、「慢性改革病」といえるほどに、文科省が改革に次ぐ改革を繰り返してきた結果、教育現場が疲弊し、自己防衛のために合理的選択として、現場では面従腹背の態度をとっていることを意味する。このように、①〜③の視点からみると、合理的メカニズムとして、改革は失敗する蓋然性が高いといえる。

この章では、日本が教育機関に対する公的支出が少ない「小さな政府」であり、高等教育の費用に関しても、一九八〇年代から一貫して政府負担よりも家計負担が高いことを指摘した。これまでの章でみてきたように、文科省はマイクロマネジメントを強化してきたから、教育に関しては「小さな政府」の「大きな介入」といえる。また、日本人の意識として、教育は重要であるものの、医療・介護、年金、雇用にくらべて教育の優先順位が低いという意味で、日本は「教育劣位社会」である。また、国民のあいだでは、教育費は家族で負担すべきだとする「家族負担主義」が根強く、政府と国民が「意図せざる結託」をした結果、日本の高等教育が維持されているといえる。さらに、大学改革のありかたについて、かつては反面教師だった韓国社会が、もはや反面教師ではなくなり、日本が韓国のやり方を模倣しているかにみえることも指摘した。その意味で、韓国の大学改革とその弊害をみることは、日本の大学の将来を考えるときに重要である。

第五章　大学経営の虚像と実像

大学経営の虚像と実像について、筆者自身の経験をふまえて論じた。経営不振に陥った大学では、企業人を理事長にすえる例がよくみられるが、「ビジネスセントリズム」（企業のものさしで大学をみようとする思考）にもとづく大学経営者の弊害がみられることが多い。「シロウトが大学を経営するから失敗するのだ」という意見が企業人のあいだから出てくるが、小泉政権下の規制緩和策の一環として登場した株式会社立大学の撤退は、経営の「プロ」を自認する経営者でも失敗するというあたりまえの理屈と、企業と学校法人の収益構造の根本的な違いを再認識する結果となった。

また、大学経営が苦しくなると、経営者のなかには、企業のまねをして「選択と集中」という言葉を使いたがる人がいる。しかし、何を「選択」しているどこに「集中」したのかは、結局、明らかにされないままに、経費だけが削減されることが多い。また、このようなバズワードを使うと、あたかも経営者が本格的な改革に取り組んでいるようにみえてしまうから厄介である。その結果、収支の均衡を達成することが自己目的化し、経費削減のすえに、「手術は成功したが患者は死んだ」とまではいかなくとも、大学の教育が瀕死状態になる危険性がある。学校法人の理事長あるいは学長は、教育に対する理解と熱き想いと、冷静な経営判断力をあわせもつ必要がある。

近年の大学経営における大きな変化として、「大学のガバナンス改革」があげられる。法令上、学長の権限が強化され、教授会の権限が弱められたが、多くの私立大学の学長は実質的な経営権をもたない「雇われ学長」であり、実際には理事長が権限をもっているため、権限が強化されたのは、学長ではなく理事長であることを見逃してはならない。この「ガバナンス改革」に反対して、大学教員は「学部の自治」を強調する。「自治」という考えには、外部からの干渉を受けないことと、自らを律することの二つが不可分のものとして含まれているはずである。しかし、前者のみが強調されることが多く、後者については軽視される（あるいはうまく機能しない）傾向がある。その結果、学部内の相互不干渉と相互忖度（あるいは「かばいあい」）の風土が形成され、教員の個人事業主の気質とあいまって、学部外に厳しく、学部内にゆるい体質が形成される。この傾向は、自分の学部さえよければよいという「部分最適」と大学として「全体崩壊」を引き起こす危険性がある。

第六章　実践的・大学教育論

序章から第五章までの議論をもとに、これから求められる実践的な教育方法について提案した。文科省のいう「予測不可能な時代」に求められるのは、コンピュータにたとえれば強い「OS＝基礎力」であり、大学の責務は、学生一人ひとりのなかに強い「OS＝基礎力」と「学び習慣」を育成することである。また、「強いOS」を育成するためには、学生一人ひとりの「学びのスイッチ」を刺激する必要がある。そのためには、ＡＬやＩＣＴを有効に活用する方法が考えられる。

具体的な教育方法の提案としては、まず「完全セメスター制」の導入があげられる。日本で定着したセメスター制は「擬似セメスター制」であり、一学期のなかで少数科目を集中的に履修し、学習効果を高めるという、本来の趣旨が忘れられている。そこで、一学期の履修科目を五～六科目に減らす「完全セメスター制」の導入を提案する。これに伴って、授業デザインについても見直す必要がある。そこで、自動車教習所の「学科教本」のように、各科目で身につけるべき必要最低限の知識をあらかじめ提示しておくことで、知識自体を伝達することよりも、それを活用して考える方向に授業をシフトすることができる。また、「反転授業」の手法を使い、事前に身につけておくべき知識については、ｅラーニングのコンテンツとして提供することで、授業外学修を促進することができる。さらに、完全セメスター制のメリットを活用した授業デザインとしては、具体的なストーリーに沿って授業を展開する「ストーリー中心型カリキュラム」や、解決すべき課題をシナリオというかたちで提示して授業を展開する「ＰＢＬ」などが参考になる。

この章では、学生の日本語能力の低下についても論じ、たがいに言葉が通じなくなる社会の「バベル化」がおこりつつあると指摘した。これに対応するためには、初年次教育だけではなく、四年間を通して、さまざまな科目で日本語能力を向上させる取り組みが必要である。これについては、筆者の実践例を紹介した。

「企業の愚痴・大学の言い訳」をこえて

以上、本書の内容を簡単にふりかえったが、第四章で論じたように、文科省の「慢性改革病」はそう簡単に治りそうにはない。また、その背景に経済ナショナリズムと表裏一体の「大学性悪説」がある以上、政府や産業界は大学を責めつづけるだろう。このような状況が変わらないとすれば、大学は何をすればよいのか。

ひとつの方策は、心ある企業と心ある大学が「実質的な」提携をすることである。すでに、さまざまな分野で産学連携は行われてきたが、まだまだ局所的な連携である。また、京都先端科学大学のように、一企業の経営者が巨額の資金を投入して人材育成に乗り出す例もあるが、ほとんどの企業には、教育に対するそれほどの本気度はない。これまで産業界は、大学が社会で求めるような人材を育成していない、と愚痴をいってきた。しかし、いわゆる「GAFAM」（グーグル、アマゾン、フェイスブック、アップル、マイクロソフト）にビジネスのプラットフォームを独占され、AIや5G（第5世代移動通信システム）の覇権を中国やアメリカに握られている現在、ビジネスのルールが変化していることに対応できなかった「ゆでガエル」たる産業界の責任を、大学の人材育成に押し付けるのは見当違いである。また大学側も、大学は学問の場であり、企業のニーズに対応した人材を育成するのが目的ではない、などと言い訳をしてきたことも事実である。このような「企業の愚痴・大学の言い訳」をのりこえて、人材育成を考える、いや実践する時期にきている。

そこで、企業と大学が提携し、一緒になって大学あるいは学部を運営するくらいの思い切った取り組みが必要である。大学まるごとでの提携は現実的ではないが、既存大学のなかに専門職学部・学科を設置しての提携は大いに可能性がある。ただ学部・学科を設置するだけではなく、教育内容を根本的に変える必要がある。既存学部・学科のシステムを大胆に変革することは困難であるが、新設学部・学科ならば、まだその余地が残されている。また、分野によっては、既存学部・学科との相乗効果も期待できる。

大胆なシステム変革としては、第六章で論じたような、完全セメスター制の導入、ストーリーやシナリオに沿った実践的教育などがあげられる。専門職学部・学科となると、企業等での実務経験がある実務家教員の採用が必要になる。英語教育はネイティブの教員にまかせるのがよいという「ネイティブ信仰」と同じで、産業界の現場についても実務家教員がもっともよくわかっている、という「実務家信仰」がある。しかし、実務家教員がよき教育者であるとはかぎらない。筆者は、これまで多くの実務家教員と仕事をしてきたが、幸いにもそのほとんどが教育に情熱をもった優れた教員だった。しかし、なかには部下をしかりつける会社の習慣を、そのまま大学に持ち込む教員がいたことも事実である。このような実務家教員は、変化する環境に応じて「まなびほぐす」ことができない教員である。その意味では、大学が単なる天下り先や企業人の再就職先にならないようにすることが重要である。もちろん、通常の大学教員の採用にあたっても、教育の理念と内容を理解し、賛同する教員を選ばなければならない。

また、企業が大学の学部・学科運営に参画するにあたって、企業が寄附をしやすくするような制度設計も必要になる。アメリカでは、一九八〇～九〇年代にかけて、個人から大学への寄附が急速に増加した。その背景には、単なるチャリティ文化や寄附集めのテクニックだけではなく、「評価性資産」（株式・土地・建物）の寄附に対する税制優遇措置があった。たとえば、寄附した株の評価額が上がれば、その価格に応じて控除額も増える仕組みである。そのため、好景気で株価が上がれば、寄附への動機づけも高まることになる（福井二〇一八）。これと同様の仕組みを日本に導入するのは難しいが、有望な取り組みをする大学に対して、企業が寄附する動機づけを高めるための仕組みは必要である。

企業が大学と手を組むとなると、比較的偏差値の高い大学をパートナーとして選びたがるだろう。しかし、それでは意味がない。むしろ、中位かそれ以下の大学と手を組んで成果をあげ、大学教育の可能性をみせつけるべきである。序章でもふれたように、学生募集に苦しむ偏差値の低い大学のなかにも、学生を伸ばす教育を実践している大学もあるし、逆に比較的偏差値の高い大学でも、学生を伸ばす教育ができていない場合がある。その意味で、偏差値や知名度にまどわされることなく、企業は良きパートナー大学を選ぶべきである。そして、優秀な卒業生をその企業に採用するぐらいの気概がほしい。

このような企業と大学との戦略的連携を提案すると、大学人からは、大学教育が実務的な教育のみに偏向するとの批判も出るだろう。しかし、大学教育には多様な取り組みがあってよいし、授業デザインしだいでは、理系・文系にかぎらず幅広い知識を基礎とした教養を身につけさせることは可能である。筆者の提案がうまくいけば、三～四年程度でそれなりの成果をあげることができると考える。このような計画に参画する企業があらわれることを期待したいところである。

中小大学の生きる道

大規模大学には、規模の大きさにともなう「規模の経済性」(スケールメリット)があるが、一方、中小規模の大学には、環境の変化に柔軟に対応できるという小回りのよさがある。前述の企業との戦略的連携についても、中小大学ならではのメリットを生かすことができる。大規模大学は、入学定員の管理を気にしながらも、できるだけ多くの学生を囲い込もうとしている。中小規模の大学は、もはや右肩上がりで入学者が増加することを期待することはできず、「身の丈」にあった「縮小最適モード」に大学経営を転換する必要がある。そして、定員を確保しながらも、確実に学生を成長させることを考えなければならない。

そこで、第六章で示したように、教育のモードを「工場モデル」から「工房モデル」に転換する必要がある。学生の多様化を前提として、学び方や進捗も多様であり、一人ひとりの特性にあった教育が求められる。そのためには、人的資源だけに依存した教育には無理があり、ICTを活用した教育の可能性が考えられる。すでに、AIを使って、学習者の「つまずき」を検出する仕組みは存在する。また、「工房」(職人や芸術家の仕事場、アトリエ)というからには、学習者どうしが協働しなければならない。みんなが独学できるという「独学幻想」とは裏腹に、教育機関は独学できない人々が学ぶ場という側面もある。そのため、協働を通して、独学ができる「学び習慣」を学生に身につけさせる必要がある。つまり、多様性をネガティブにとらえるのではなく、むしろ、多様性を「飼いならす」のである。

「学び習慣」の育成には、多様な「学びのスイッチ」を仕掛けておくことと、「学び方」を教えることが重要である。ほとんどの大学に「学び方」を教えるなどという発想はないと考えられるが、「学び方」を知らないだけで、それを身につけることで大きく成長する学生はかなりいる。大学全入時代の到来で、厳しい受験勉強という「通過儀礼」が消滅しつつあり、同時に、ノートのつくり方からはじまって参考書の選び方、文房具の便利な使い方といった、学ぶための「メタ技術」も衰退しつつある。伝統的な学生街から、学生が取った講義ノートを買い取って売る「講義ノート屋」が姿を消しつつあるのも、「メタ技術」の衰退と無関係ではない。もちろん、学生が講義をさぼらなくなったことも理由のひとつだが、講義ノートの質が低下したことも理由にあげられるという（「『講義ノート屋』に氷河期」『朝日新聞』二〇〇八年一〇月三日）。「学び方」を教えるといっても、第四章で「コンピテンシー病」についてふれたように、コミュニケーション能力を鍛えるために「コミュニケーション能力養成講座」のようなピンポイントの教え方をしても意味がない。ALをはじめとする授業デザインの工夫のなかで、いかに学ぶのかを教えることで、「学び習慣」の基礎の基礎がかたちづくられる。

「予測不可能で主体的」

政府や産業界は、「主体的」な人材の育成を声高にさけぶ。つまり、予測不可能な時代に、自ら学び続け、社会の変化に対応してイノベーションをおこし続けられるような主体的な人間である。ながいので縮めれば、「予測不可能で主体的」な人間である。

教育改革は「主体性」というバズワードのまわりをぐるぐると回り、いっこうにその中身が明確にならないのに、その言葉自体の存在感だけが増幅される。そのような「主体性」幻想が、教育界に漂っている。政策文書で、いくら「～力」といった用語を列挙して言葉をつくしたとしても、「主体性」の中身に対する共通認識が形成されるわけではない。あえていえば、「自分の頭で考えて行動できる」という程度が、かろうじて共有できる中身だろう。第二章で提示した「T‐MASKモデル」でいうならば、思考（T）、マインド・セット（M）、行動（A）、技能（S）、そして知識（K）が、たがいにバランスよく連動している状態が「主体性」がある状態といえる。また、自動車にたとえれば、アイドリングの状態（エンジンが稼働を続けている状態）で、まわりに反応して、また必要に応じて、いつでも動くことができる状態だといえる。

「主体性」という言葉は、ＡＬのかわりに使われはじめた「主体的・対話的で深い学び」という用語が象徴するように、「行動的」という言葉のイメージと強い関係がある。つまり、なんらかの外見的な「行動」がなければ、その人間は「主体的」とは認められないわけである。そうなると、状況に応じてつねに行動できる人間を育成しなければ、「予測不可能で主体的」な人間を育成したとは認められないことになる。しかし、そんな人間がどこにでもいる状況を想定することは、どの時代においても困難であり、まさに幻想である。コミュニケーションが不得意で、直接的な行動には結びつかないまでも、内面ではさまざまな事柄を深く考えている学生に出会うことがよくある。しかし、世間では、このような学生をおそらく「主体的」とはみなさない。現実に学生が多様化し、また多様性が尊重される時代に、みんなが「主体的」な人間（その人間の外見的な行動が確認できるような人間）でなければならない、というのも非現実的な考え方である。

とはいえ、「T‐MASK」の各要素がうまく連動するように学生を育てていくことは重要である。一般に、「やる気が出る→頑張れる」と考えられがちだが、「とりあえずやってみる→やる気が出てくる」という場合も少なくない。プロジェクト型学習等で「火がつく」学生は、まさにこのタイプである。そう考えると、「T‐MASK」のさまざまな部分に「学びのスイッチ」が隠れていて、学生にあわせて刺激のあたえかたを変える必要がある。

さて、政府や産業界がいう「予測不可能で主体的」な人間は、「グローバル人材」という言葉とも密接に関係していた。第二章でも論じたように、筆者は「グローバル人材」の考え方には賛同しないが、シンプルに「心の壁・文化の壁・言語の壁」を越えて活躍できる人材、すなわち「越境する力」をもった人材は育成できると考える。最後に、「越境する力」を育成するのに参考となる事例を二つ紹介しておく。

ひとつめの例は、世界的に注目を集めているミネルヴァ大学（Minerva Schools at KGI）の例である（山本二〇一八）。同大学は、二〇一四年に創立された全寮制の四年制大学だが、特定のキャンパスをもたず、四年間で七都市を移動しながら学ぶ。授業は、二〇人以下の少人数クラスで、すべてオンラインによるALである。もうひとつの例は、「キャンパスアジア・プログラム」（CAP）である。同プログラムは、立命館大学と東西大学校（韓国）、広東外語外貿大学（中国）の三大学が共同運営する四年間一貫のプログラムで、各大学から選抜された二〇人の学生（計六〇人）が、二・三年次の二年間に自国以外の二か国で学び、現地の言葉で現地の人文学を学ぶものである（http://www.ritsumei.ac.jp/campusasia/）。筆者は、東西大学校において、同プログラムに参加している三か国の学生にインタビューしたことがある。どの学生も自国語以外の二言語を習得するとともに、日韓中の歴史問題についても、それぞれの視点から理解を深めていた。ミネルヴァ大学とCAPは、ともに世界を回りながら「越境する力」を育成しているという意味で、「回遊型グローバル戦略」とでも名付けることができる。実は、この戦略は韓国の芸能界にもみられる。たとえば、多国籍のメンバーからなるK－POPアイドルグループは、世界で活躍するうえでは、その言語的多様性が有利にはたらく。複数の国・地域を回遊し、学生に「越境する力」を身につけさせるという教育方法は、CAPのように四年間一貫とまではいかなくとも、授業デザインしだいでは、一学期程度でも実現可能である。とりわけ、前述の企業との戦略的連携による専門職学部・学科のプログラムとしては、実践的な教育という趣旨とも合致するものである。

本章では、大学教育の行く末について、筆者なりにいくつかの予測と提案をした。文科省の「慢性改革病」をとめられないとすれば、大学は「改革疲れ」から瀕死状態になるまえに、それが面従腹背の態度であったとしても、なんらかの自己防衛をすべきである。そして、学生を育てるという大学の本来の目的に立ち返るべきである。それぞれの大学がそれぞれのやり方で、その目的を達成するほかない。さらに、学生一人ひとりがより良い人生を送れるように、強い「ＯＳ＝基礎力」と「学び習慣」を身につけさせることが、大学の責務であると心得なければならない。

もちろん、「予測不可能な時代」であるから、当然、あらかじめ「正解」はない。したがって、重要なのは大学なりの「答え」をもっていることである。たとえ、結果的には、それが「正解」でなかったとしても。

おわりに

本書が完成するまでには、かなりの時間がかかった。日記をひもとくと、最初のラフな企画書は、ちょうど学長に就任したばかりの二〇一二年に書いたものである。学長として働きはじめると、大学経営の表と裏がさらによくみえるようになり、当初予定していた大学論の内容がいかにも薄っぺらなものに思えてきた。その後、内容を熟成させるのに時間がかかり、二〇一七年三月には学長の任期も満了した。何度も原稿を仕上げると宣言しておきながら時間だけが過ぎ、「オオカミ少年」ならぬ「オオカミ中年」にならぬように執筆を急いだが、それでも完成までにかなりの時間を要した。原稿を辛抱強く待っていただいた、弘文堂編集部の外山千尋さんに心から感謝したい。

さて、原稿が仕上がっても、なかなか油断はできなかった。というのも、二〇二〇年度から実施される大学入学共通テストにおける英語民間試験の導入をめぐる状況が、めまぐるしく変化してきたからである。本書の草稿段階でも、英語民間試験導入の問題点を指摘していたし、その導入がスムーズにいかないことも予言していた。しかし、世論の逆風をうけて、その導入が二〇二四年度まで延期されるとは予測もしていなかった。そのため、編集段階でも、文科省の動きを横目でみながら、文言を微調整しなければならなかった。とはいえ、外山さんに加えて、金子智美さんの心強いサポートをえて、編集作業はスムーズに進んだ。

いざ本が仕上がってみると、盛りだくさんな内容であるにもかかわらず、伝えたい事柄の十分の一も書くことができなかった気がする。書ききれなかった事柄については、また稿を改めたい。本書の草稿には、大学に向けられた社会の「冷たい視線」に対する憤りが前面に出ていて、かなり毒づいた表現を多く含んでいた。しかし、外山さんの校閲のおかげで、その毒もかなり中和され、以前にくらべて読みやすい文章になったのではないかと思う。

いま日本社会において、政治、経済、産業、教育をはじめ、あらゆる分野で「劣化」が深刻になりつつある。各分野で、事がうまくいかない責任を他の分野に押しつけている場合ではない。産業界、自治体、地域社会等と大学が、志あるものどうしで手をたずさえ、本気で若者を育てる取り組みをしなければならない。ここ一、二年、入学定員厳格化の恩恵をうけて、急激に志願者を増やした大学もある。しかし重要なのは、入学した学生をいかに育てるか、ということである。また、入学定員厳格化の弊害として、志望大学や大学との相性というよりも、とにかく先に合格した大学に入学するという学生も増えるだろう。そうなれば、不本意入学者が増える可能性があり、なおさら教育の充実が求められる。

本書には、かなり過激な表現や提案が含まれていたかもしれない。とりわけ、第六章で述べた実践的・大学教育論に対して、伝統的な大学教育を実践してきた教員は、違和感をもつとともに拒否反応を示すかもしれない。もちろん、筆者の提案を鵜呑みにする必要はないし、それぞれの大学の状況にあった教育方法がある。しかし、大学教育の現状を考えた場合、従来通りの教育方法がそのまま通用するとは思えない。

本書が、大学人、とりわけ中規模・小規模の私立大学の大学関係者にとって、エールになるかどうかは心もとないが、ささやかな刺激にでもなれば幸いである。

二〇二〇年一月　最後の大学入試センター試験を見届けて

岩井　洋

おもな参考文献

序章

市川伸一（二〇〇二）『学力低下論争』筑摩書房

岡部恒治・西村和雄・戸瀬信之（一九九九）『分数ができない大学生――二一世紀の日本が危ない』東洋経済新報社

岡部恒治・西村和雄・戸瀬信之（二〇〇〇）『小数ができない大学生――国公立大学も学力崩壊』東洋経済新報社

神永正博（二〇〇八）『学力低下は錯覚である』森北出版

苅谷剛彦（二〇一八）「『大学性悪説』による問題構築という〈問題〉――大学改革における言語技法の分析」佐藤郁哉編著『五〇年目の「大学解体」二〇年後の大学再生――高等教育政策をめぐる知の貧困を越えて』京都大学学術出版会、四七～一〇四頁

日本私立学校振興・共済事業団編（二〇一八）『平成三〇年度版 今日の私学財政――大学・短期大学編』学校経理研究会

濱中淳子（二〇一二）「『大学教育の効用』再考――文系領域における学び習慣仮説の検証」『広島大学　高等教育研究開発センター　大学論集』四三、一八九～二〇五頁

濱中淳子（二〇一六）「『大学教育無効説』をめぐる一考察――事務系総合職採用面接担当者への質問紙調査の分析から」『ディスカッション・ペーパー』一六－J－〇〇二（経済産業研究所）

グレゴリー・ベイトソン（一九八二）『精神と自然：生きた世界の認識論』（佐藤良明訳）思索社

矢野眞和（二〇〇九）「教育と労働と社会――教育効果の視点から」『日本労働研究雑誌』五八八、五～一五頁

労働政策研究・研修機構（二〇一八）『ユースフル労働統計――労働統計加工指標集二〇一八』労働政策研究・研修機構

リクルートワークス研究所「全国就業実態パネル調査プロジェクト」（二〇一八）「どうすれば人は学ぶのか――『社会人の学び』を解析する」『Works Report 2018』リクルートワークス研究所

第一章

天野郁夫（二〇〇一）『大学改革のゆくえ――模倣から創造へ』玉川大学出版部
エリオット・アロンソン（一九八六）『ジグソー学級――生徒と教師の心を開く協同学習法の教え方と学び方』（松山安雄訳）原書房
井上達彦（二〇一五）『模倣の経営学――偉大なる会社はマネから生まれる』日本経済新聞出版社
岩井　洋（一九九七）『記憶術のススメ――近代日本と立身出世』青弓社
宇佐美寛・池田久美子（二〇一五）『対話の害』さくら社
亀倉正彦（二〇一六）『失敗事例から学ぶ大学でのアクティブラーニング』東信堂
経済協力開発機構（ＯＥＣＤ）（二〇一八）『社会情動的スキル――学びに向かう力』（無藤　隆・秋田喜代美監訳）明石書店
オーデット・シェンカー（二〇一三）『コピーキャット――模倣者こそがイノベーションを起こす』（井上達彦監訳・遠藤真美訳）東洋経済新報社
アンジェラ・ダックワース（二〇一六）『やり抜く力　ＧＲＩＴ（グリット）――人生のあらゆる成功を決める「究極の能力」を身につける』（神崎朗子訳）ダイヤモンド社
中部地域大学グループ・東海Ａチーム（二〇一四）『アクティブラーニング失敗事例ハンドブック――産業界ニーズ事業・成果報告』一粒書房
https://www.nucba.ac.jp/archives/151/201507/ALshippaiJireiHandBook.pdf
エドガー・デール（一九五〇）『学習指導における聴視覚的方法』上・下（有光成徳訳）政経タイムズ出版社
豊田久亀（一九八八）『明治期発問論の研究――授業成立の原点を探る』ミネルヴァ書房
ジェームズ・Ｊ・ヘックマン（二〇一五）『幼児教育の経済学』（古草秀子訳）東洋経済新報社
本田由紀（二〇〇五）『多元化する「能力」と日本社会――ハイパー・メリトクラシー化のなかで』ＮＴＴ出版

溝上慎一（二〇一五）「アクティブラーニング論からみたディープ・アクティブラーニング」松下佳代編『ディープ・アクティブラーニング』（二〇一五）勁草書房、三一～五一頁
三宅なほみ（二〇〇四）「コンピュータを利用した協調的な知的構成活動」杉江修治・関田一彦・安永 悟・三宅なほみ編著『大学授業を活性化する方法』玉川大学出版部、一四五～一八七頁
諸葛信澄（一八七五）『小学教師必携』青山堂
山地弘起（二〇一四）「アクティブ・ラーニングとはなにか」『大学教育と情報』一四六、二～七頁
Pedro De Bruyckere et al. (2015) *Urban Myths about Learning and Education*, Academic Press.
A. Van Amburgh et al. (2007) A Tool for Measuring Active Learning in the Classroom, *American Journal of Pharmaceutical Education*, 71(5).

第二章

阿部公彦（二〇一七）『史上最高の英語政策――ウソだらけの「四技能」看板』ひつじ書房
海老原嗣生（二〇一六）「G型でもL型でもない、本当に日本に必要な大学」『カレッジマネジメント』一九六、二八～三五頁
久保田竜子（二〇一八）『英語教育幻想』筑摩書房
斎藤兆史・鳥飼玖美子・大津由紀雄・江利川春雄・野村昌司（二〇一六）『「グローバル人材育成」の英語教育を問う』ひつじ書房
総務省（二〇一八）「『グローバル人材育成の推進に関する政策評価』の結果の政策への反映状況（一回目のフォローアップ）のポイント」（二〇一八年五月三〇日）
http://www.soumu.go.jp/main_content/000553413.pdf
寺沢拓敬（二〇一五）『「日本人と英語」の社会学――なぜ英語教育論は誤解だらけなのか』研究社

鳥飼玖美子（二〇一八）『英語教育の危機』筑摩書房
中島義道（二〇一六）『英語コンプレックスの正体』講談社
日鉄住金総研（二〇一六）『日本――その姿と心』日鉄住金総研
南風原朝和編（二〇一八）『検証 迷走する英語入試――スピーキング導入と民間委託』岩波書店
ジョージ・リッツァ（一九九九）『マクドナルド化する社会』（正岡寛司監訳）早稲田大学出版部
ジョージ・リッツァ（二〇〇一）『マクドナルド化の世界――そのテーマは何か？』（正岡寛司監訳）早稲田大学出版部
ローランド・ロバートソン（一九九七）『グローバリゼーション――地球文化の社会理論』（阿部美哉訳）東京大学出版会

第三章

赤池伸一・原　泰史（二〇一七）「日本の政策的な文脈からみるノーベル賞」『一橋ビジネスレビュー』六五－一、四～二五頁
伊丹敬之（二〇〇九）『イノベーションを興す』日本経済新聞出版社
伊藤彰浩（一九九六）「高等教育大拡張期の政策展開：〝理工系拡充策〟と〝急増対策〟」『放送教育開発センター研究報告』九一、九一～一〇五頁
伊藤彰浩（二〇一三）「高度成長期と技術者養成教育――高等教育機関をめぐって」『日本労働研究雑誌』六三四、四〇～五一頁
ウンベルト・エーコ／ジャン＝クロード・カリエール（二〇一〇）『もうすぐ絶滅するという紙の書物について』（工藤妙子訳）阪急コミュニケーションズ
マーク・エイブラハムズ（二〇〇九）『イグ・ノーベル賞――世にも奇妙な大研究に捧ぐ』（福嶋俊造訳）講談社
海老原嗣生（二〇一六）「G型でもL型でもない、本当に日本に必要な大学」『カレッジマネジメント』一九六、二八～三六頁

大前研一（二〇一五）「文科省提言『G大学・L大学』は、若者をつぶす」プレジデントオンライン
https://president.jp/articles/-/14856

大森昭生・成田秀夫・山本啓一・吉村充功編著（二〇一八）『今選ぶなら、地方小規模私立大学！——偏差値による進路選択からの脱却』レゾンクリエイト

隠岐さや香（二〇一八）『文系と理系はなぜ分かれたのか』星海社

志村史夫（二〇〇九）『文系？ 理系？——人生を豊かにするヒント』筑摩書房

J・A・シュンペーター（一九七七）『経済発展の理論——企業者利潤・資本・信用・利子および景気の回転に関する一研究』上・下（塩野谷祐一・中山伊知郎・東畑精一訳）岩波書店

鈴木　寛（二〇一五）「『大学に文系は要らない』は本当か？ 下村大臣通達に対する誤解を解く」ダイヤモンドオンライン
https://diamond.jp/articles/-/76705

竹内　薫（二〇〇九）『理系バカと文系バカ』PHP研究所

冨山和彦（二〇一四a）『なぜローカル経済から日本経済は甦るのか——GとLの経済成長戦略』PHP研究所

冨山和彦（二〇一四b）「我が国の産業構造と労働市場のパラダイムシフトから見る高等教育機関の今後の方向性」文部科学省「実践的な職業教育を行う新たな高等教育機関の制度化に関する有識者会議」（二〇一四年一〇月一七日）資料
http://www.mext.go.jp/b_menu/shingi/chousa/koutou/061/gijiroku/__icsFiles/afieldfile/2014/10/23/1352719_4.pdf

冨山和彦（二〇一五a）「新たな高等教育機関を『四流の大学もどき』にしないために——Lモード大学（≒プロフェッショナルスクール）の大きくて高い山を形成せよ」文部科学省「実践的な職業教育を行う新たな高等教育機関の制度化に関する有識者会議」（二〇一五年一月一三日）資料
http://www.mext.go.jp/b_menu/shingi/chousa/koutou/061/gijiroku/__icsFiles/afieldfile/2015/01/27/1354584_4_2.pdf

冨山和彦（二〇一五ｂ）「冨山和彦氏、大学教員の「選民意識」にモノ申す　日本の大学教育は大多数者の役に立たない」東洋経済オンライン（二〇一五年一月二六日）
https://toyokeizai.net/articles/-/58760
冨山和彦（二〇一五ｃ）『選択と捨象――「会社の寿命一〇年」時代の企業進化論』朝日新聞出版
野家啓一（二〇一八）『はざまの哲学』青土社
長谷川英祐（二〇一六）『働かないアリに意義がある』ＫＡＤＯＫＡＷＡ
吉見俊哉（二〇一六）『「文系学部廃止」の衝撃』集英社

第四章

荒井克弘（二〇一八）「高大接続改革・再考」『名古屋高等教育研究』一八、五～二一頁
小川佳万・姜　姫銀（二〇一八）『韓国の高等教育――グローバル化対応と地方大学』（高等教育研究叢書）一三九、広島大学高等教育研究開発センター
加藤恭子（二〇一一）「日米におけるコンピテンシー概念の生成と混乱」『産業経営プロジェクト報告書』（日本大学経済学部産業経営研究所）三四、一～二三頁
川嶋太津夫（二〇一八）「日本の大学は、なぜ変わらないのか？　変われないのか？――四半世紀にわたる個人的体験を通して」佐藤郁哉編著（二〇一八）、一〇五～一五七頁
佐藤郁哉編著（二〇一八）『五〇年目の「大学解体」二〇年後の大学再生――高等教育政策をめぐる知の貧困を越えて』京都大学学術出版会
重本直利（二〇一一ａ）「三つの誤読の背景」大学評価学会編（二〇一一）、五～一〇頁
重本直利（二〇一一ｂ）「目標管理の誤読――ドラッカーはボトムアップのために目標管理を提唱した」大学評価学会編（二〇一一）、一八～九四頁

大学評価学会編（二〇一一）『ＰＤＣＡサイクル、三つの誤読』大学評価学会
鳥飼玖美子（二〇一八）『英語教育の危機』筑摩書房
日永龍彦（二〇一一）「大学の質とモノの質の誤読——ＰＤＣＡサイクルを回すほど大学は方向性を見失う」大学評価学会編（二〇一一）、一一〜三八頁
藤本夕衣・古川雄嗣・渡邉浩一編（二〇一七）『反「大学改革」論——若手からの問題提起』ナカニシヤ出版
古川雄嗣（二〇一七）「ＰＤＣＡサイクルは『合理的』であるか」藤本夕衣・古川雄嗣・渡邉浩一（二〇一七）、三〜二二頁
丸山文裕（二〇〇九）「高等教育への公財政支出」『国立大学法人における授業料と基盤的教育研究経費に関する研究』（国立大学財務・経営センター研究報告）一一、三九〜五一頁
物江　潤（二〇一七）『だから、二〇二〇年大学入試改革は失敗する——ゆとり世代が警告する高大接続入試の矛盾と落とし穴』共栄書房
文部科学省（二〇一八）『平成三〇年版　科学技術白書』勝美印刷
矢野眞和（二〇〇九）「教育と労働と社会——教育効果の視点から」『日本労働研究雑誌』五八八、五〜一五頁
矢野眞和・濱中淳子・小川和孝（二〇一六）『教育劣位社会——教育費をめぐる世論の社会学』岩波書店
山内太地・本間正人（二〇一六）『高大接続改革——変わる入試と教育システム』筑摩書房
山口裕之（二〇一七）『「大学改革」という病——学問の自由・財政基盤・競争主義から検証する』明石書店
労働政策研究・研修機構（二〇一八）『ユースフル労働統計——労働統計加工指標集二〇一八』労働政策研究・研修機構
McClelland, D. C. (1971) Testing for Competence Rather Than for "Intelligence," *American Psychologist*, January 1973.
OECD (2018) *Education at a Glance 2018: OECD Indicators*, Paris: OECD Publishing.

第五章

有本　章・江原武一編著（一九九六）『大学教授職の国際比較』玉川大学出版部
岩井　洋（二〇一四）「伝統と革新――次の五〇年にむけて」『私学経営』（私学経営研究会）四六八、九～一五頁
岩井　洋（二〇一六）「仕組み改革とメッセージ経営」『私学経営』（私学経営研究会）四九一、八一～八七頁
潮木守一（二〇〇八）『フンボルト理念の終焉？――現代大学の新次元』東信堂
梅棹忠夫（一九九〇）『情報管理理論』岩波書店
太田　肇（二〇一一）『承認とモチベーション――実証されたその効果』同文館出版
太田　肇・日本表彰研究所（二〇一三）『表彰制度――会社を変える最強のモチベーション戦略』東洋経済新報社
川崎成一（二〇一一）「日本における株式会社立大学の分析――財務分析の視点から」『大学経営政策研究』（東京大学）一、一四五～一六六頁
出口正之（二〇一八）「知的興奮を惹起するトランスフォーマティブ研究」『民博通信』一六一、一二～一三頁
ピーター・F・ドラッカー（二〇〇六）『現代の経営』上（ドラッカー名著集二）（上田惇夫訳）ダイヤモンド社
日置弘一郎（二〇〇〇）『経営学原論』エコノミスト社
松村真宏（二〇一六）『仕掛学――人を動かすアイデアのつくり方』東洋経済新報社

第六章

青木久美子（二〇一七）「『新しい』大学教育――コンピテンシーに基づく教育（CBE）の実践」『日本労働研究雑誌』六八七、三七～四五頁
新井紀子（二〇一八）『AI vs. 教科書が読めない子どもたち』東洋経済新報社
新井紀子・東中竜一郎編（二〇一八）『人工知能プロジェクト「ロボットは東大に入れるか」：第三次AIブームの到達点と限界』東京大学出版会

岩井　洋（二〇一八）「内蔵型の初年次教育――カリキュラムに初年次教育をいかに組み込むか」初年次教育学会編『進化する初年次教育』世界思想社、六八〜七六頁
岩井　洋・奥村玲香・元根朋美（二〇一七）『プレステップ キャリアデザイン（第四版）』弘文堂
加藤秀俊（一九八〇）「独学のすすめ――現代教育考」『加藤秀俊著作集』六、中央公論社、七〜一四四頁
川嶋太津夫（二〇一八）「日本の大学は、なぜ変わらないのか？　変われないのか？――四半世紀にわたる個人的体験を通して」佐藤郁哉編著（二〇一九）、一〇五〜一五七頁
絹川正吉（二〇〇六）『大学教育の思想――学士課程教育のデザイン』東信堂
清水一彦（一九九八）『日米の大学単位制度の比較史的研究』風間書房
土持ゲーリー法一（二〇〇六）『戦後日本の高等教育改革政策「教養教育」の構築』玉川大学出版部
鶴見俊輔（二〇一〇）『教育再定義への試み』岩波書店
東京大学広報室（二〇一七）『学内広報』一五〇三
仲井邦佳（二〇一六）「大学の単位制度と学年暦――『一単位＝四五時間』と『一科目＝一三五〇分説（一五週論）』」『立命館産業社会論集』五一―四、一〜一一頁
名古屋学院大学経済学部（二〇一二）『経済学部生のための基礎知識三〇〇題 ver.2』名古屋学院大学経済学部
http://www2.ngu.ac.jp/economic300/
根本淳子・鈴木克明編（二〇一四）『ストーリー中心型カリキュラムの理論と実践――オンライン大学院の挑戦とその舞台裏』東信堂
J・バーグマン＆A・サムズ（二〇一五）『反転学習――生徒の主体的参加への入り口』（上原裕美子訳）オデッセイコミュニケーションズ
三宅なほみ（二〇〇六）「大学生の協調学習とＩＣＴ」
https://fukutake.iii.u-tokyo.ac.jp/archives/beat/seminar/026-3.html

Roger C. Schank（2007）The Story-Centered Curriculum, eLearn Magazine.
https://elearnmag.acm.org/featured.cfm?aid=1266881
Elena Silva, Taylor White and Thomas Toch（2015）*The Carnegie Unit: Century-Old Standard in a Changing Educational Landscape*, Carnegie Foundation for the Advancement of Teaching.

終章

福井文威（二〇一八）『米国高等教育の拡大する個人寄付』東信堂
山本秀樹（二〇一八）『世界のエリートが今一番入りたい大学ミネルバ』ダイヤモンド社

著者　岩井　洋（いわい　ひろし）

帝塚山大学文学部教授、学長補佐。

1962年、奈良市生まれ。上智大学大学院博士後期課程単位取得退学。

専門はキャリア教育・宗教社会学・経営人類学。

日本宗教学会理事、地域デザイン学会特命担当理事。

帝塚山大学経済学部教授、副学長を経て、2012年より17年まで帝塚山大学学長を務める。任期中は、「実学の帝塚山大学」をコンセプトにして、実社会に向き合い、実社会から学ぶプロジェクト型学習を導入し、教育改革を推進した。また、地元企業や自治体などとの産官学連携プロジェクトにも積極的に取り組んだ。20年以上、アクティブ・ラーニングを実践し、その経験を生かして、現在、人文社会科学系学部の基礎・専門科目を通して、学生の日本語能力を向上させる教育メソッドを開発中。また、シニア層に学びの場を提供する奈良シニア大学の学長を務めるほか、ESD（持続可能な開発のための教育）を理念として、高校生が英語パフォーマンスを通してメッセージを発信する英語パフォーマンス甲子園の実行委員長を務める。

主な著作

『記憶術のススメ——近代日本と立身出世』青弓社
『目からウロコの宗教——人はなぜ「神」を求めるのか』PHPエディターズ・グループ
『プレステップ キャリアデザイン』弘文堂（共著）
『テキスト 経営人類学』東方出版（共編著）　ほか

大学論の誤解と幻想

2020（令和2）年3月15日　初版1刷発行

著　者　岩井　洋

発行者　鯉渕　友南

発行所　株式会社　弘　文　堂　101-0062　東京都千代田区神田駿河台1の7
TEL 03(3294)4801　振替 00120-6-53909
https://www.koubundou.co.jp

装　丁　神長文夫＋坂入由美子
組　版　堀　江　制　作
印　刷　三報社印刷
製　本　井上製本所

ISBN 978-4-335-55201-4